球减贫例集 2024

中国国际减贫中心
中国互联网新闻中心
世界银行
联合国粮食及农业组织
联合国国际农业发展基金
联合国世界粮食计划署
亚洲开发银行

编

图书在版编目（CIP）数据

全球减贫案例集. 2024 / 中国国际减贫中心等编. —北京：知识产权出版社，2024.10.
ISBN 978-7-5130-9479-5

Ⅰ.F113.9

中国国家版本馆 CIP 数据核字第 2024UD3676 号

总 策 划：刘俊文
策 　 划：李　昕
出版协调：余　晖　　林华珰　　杨惠仪　　肖　寒

责任编辑：王志茹　　　　　　　　　　　责任印制：孙婷婷

全球减贫案例集 2024
QUANQIU JIANPIN ANLIJI 2024

中国国际减贫中心　　中国互联网新闻中心　　世界银行　　联合国粮食及农业组织
联合国国际农业发展基金　　联合国世界粮食计划署　　亚洲开发银行　编

出版发行：知识产权出版社有限责任公司		网　　址：http://www.ipph.cn	
电　　话：010-82004826		http://www.laichushu.com	
社　　址：北京市海淀区气象路 50 号院		邮　　编：100081	
责编电话：010-82000860 转 8761		责编邮箱：laichushu@cnipr.com	
发行电话：010-82000860 转 8101		发行传真：010-82000893	
印　　刷：北京中献拓方科技发展有限公司		经　　销：新华书店、各大网上书店及相关专业书店	
开　　本：787mm×1092mm　1/16		印　　张：20.5	
版　　次：2024 年 10 月第 1 版		印　　次：2024 年 10 月第 1 次印刷	
字　　数：246 千字		定　　价：128.00 元	

ISBN 978-7-5130-9479-5

出版权专有　　侵权必究
如有印装质量问题，本社负责调换。

编写说明

2024年，全球经济下行，地缘政治紧张，债务危机、难民潮与移民问题、气候变化与环境问题、社会不平等与贫富差距依然困扰人类社会。联合国发布的《2024年可持续发展目标报告》指出，只有17%的可持续发展目标目前进展顺利，接近一半的目标进展甚微或一般，超过1/3的目标停滞不前或倒退。世界银行发布的《贫困、繁荣与地球报告2024》中提到，全球减贫进程已放缓甚至近乎停滞，按照目前的进展速度，需要几十年的时间才能消除极端贫困。

为推动落实《联合国2030年可持续发展议程》，推进全球发展倡议，促进全球减贫与发展交流合作，中国国际减贫中心（原中国国际扶贫中心）、中国互联网新闻中心、世界银行、联合国粮食及农业组织、联合国国际农业发展基金、联合国世界粮食计划署、亚洲开发银行等7家机构继续开展"全球减贫案例征集活动"，在全球范围内征集各国减贫的成功实践，聚焦17个可持续发展目标，关注案例的可持续性、可推广性、可复制性和应用场景，旨在共享人类减贫智慧成果、共建人类命运共同体。

在前面四届"全球减贫案例征集活动"中，7家主办机构共同评选出425篇优秀案例，精选其中部分案例已出版3册《全球减贫案例集》，《全球减贫案例集2024》是第4册。按照以往惯例，本书的内容分为国际合作、政策支持、可持续发展、绿色农业、粮食问题、脆弱性群体、减贫项目实施与管理7个篇章，讲述不同领域中人类相互尊重、平等合作、互利共赢战胜贫困、探索可持续发展的故事。国际合作篇选择中国和发展中国家开展合作及多边金融机构与中国合作的典型案例；政策支持篇选择医疗卫生政策和包容性金融创新方面的典型案例；可持续发展篇选择益小农价值链、订单农业、乡村体育与乡村振兴等方面的典型案例；绿色农业篇选择绿色能源、生态治理、种质资源保护等方面的典型案例；粮食问题篇选择农业文化遗产保护与利用、粮食储备技术与粮食安全等方面的典型案例；脆弱性群体篇选择老人与减贫、儿童与减贫、妇女就业、残疾人就业等方面的典型案例；减贫项目实施与管理篇选择乡村特派员公益项目、乡村运营的合伙人制度等方面的典型案例。这些案例展示了人类社会在困境中携手合作创新所取得的巨大成就。希望这些案例能够为各国在减贫政策制定和应对措施上提供启示和参考。

  在本书编写的过程中，案例推荐机构和个人在文本撰写、数据核实和图片收集上提供了帮助，联合国开发计划署、中国国际经济技术交流中心、北京农学院在案例的筛选和编写中给予了支持。在此，谨向所有支持、帮助本书编写的单位和个人致以衷心的感谢。

本书编写组
2024 年 10 月

评审委员会

李　昕
　　　　　　　　（中国国际减贫中心）
Mara Warwick（华玛雅）
　　　　　　　　（世界银行）
Vinod Ahuja（维诺德）
　　　　　　　　（联合国粮食及农业组织）
Nii Quaye-Kumah（倪华）
　　　　　　　　（联合国国际农业发展基金）
赵　兵
　　　　　　　　（联合国世界粮食计划署）
Akiko Terada-Hagiwara（萩原景子）
　　　　　　　　（亚洲开发银行）
王晓辉
　　　　　　　　（中国互联网新闻中心）

评审专家

余　晖　　（中国国际减贫中心）
曹文道　　（世界银行）
董　乐　　（联合国粮食及农业组织）
孙印洪　　（联合国国际农业发展基金）
王晓蓓　　（联合国世界粮食计划署）
黄　斐　　（亚洲开发银行）
焦　梦　　（中国互联网新闻中心）

目录

国际合作

002 利用"生产性投入基金"推广水稻种植，助力农户增收
　　　　——援布隆迪高级农业专家组技术援助项目减贫案例

010 "授人以渔"让中国水稻技术扎根非洲
　　　　——中国援坦桑尼亚农业技术示范中心技术合作案例

017 中国援萨摩亚示范农场项目
　　　　——中国商务部委托湖南省农业对外经济合作中心减贫案例

024 小规模生态循环清洁农业模式家庭农场助力南太平洋岛国农业可持续发展
　　　　——中国商务部援汤加第五期农业技术项目案例

031 草果香飘密支那，缅北不见罂粟花
　　　　——中国与缅甸示范种植草果替代罂粟合作案例

038 世界银行贷款贫困片区产业扶贫试点示范项目的经验
　　　　——世界银行与中国合作案例

政策支持

048 完善保障机制，防范因病规模性返贫
——中国医保减贫防贫案例

054 破解中小企业融资难题，带动就业、增收
——亚洲开发银行在蒙古国的支持信贷担保体系促进经济多样化和就业项目案例

059 "活体畜禽"变"数字资产"，为阿克苏地区畜牧业注入新活力
——中国人民银行阿克苏地区金融服务助力乡村振兴典型案例

066 创新产业联合体模式，助力巩固拓展脱贫攻坚成果
——中国农业发展银行支持标准化肉羊养殖产业扶贫实践

074 中国人寿"乡村振兴保"项目
——中国人寿保险股份有限公司福建省分公司帮扶案例

可持续发展

084 全过程支持桑蚕产业价值链，助力蚕农可持续增收致富
——河池市宜州区执行世界银行贷款广西贫困片区农村扶贫试点示范项目案例

091 组织机制创新促进中蜂产业带动农户脱贫增收
——中国商务部与联合国开发计划署合作项目打造的湖南省城步苗族自治县中蜂产业发展案例

099 推进非遗工艺转型升级，助力脱贫致富乡村振兴
　　——国际组织与政府协同推进福建安溪家居（藤铁）工艺文化产业转型升级案例

105 传承藏族雕版印刷技艺，助推边疆民族地区乡村振兴
　　——中国华电集团有限公司发展"非遗经济"减贫案例

112 两河口模式使土家汇聚之地重生
　　——东南大学帮扶湖北省宣恩县案例

119 促进小农户与现代农业衔接的"合作社+"模式
　　——国际农业发展基金贷款支持初山农谷种养专业合作社发展案例

125 构筑全产业链融合发展平台，帮助小农户对接大市场
　　——国际农业发展基金支持的陕西省镇巴县发展扶贫价值链案例

132 成熟后现代社会发展阶段推动乡村振兴的经验与启示
　　——多元主体推动香港特区文旅融合发展和古村落保护案例

138 校地合作研发推广藻类养殖技术
　　——宁波大学产业帮扶案例

144 授人以渔赋能困境青年
　　——中国乡村发展基金会尼泊尔青年职业培训项目案例

152 体育赛事助力乡村全面振兴
　　——贵州省台江县台盘村"村BA"案例

159 "活水计划"提升脱贫县域社会组织服务乡村振兴的内生动力
　　　——腾讯公益慈善基金会联合中国乡村发展基金会开发案例

绿色农业

168 可再生能源技术示范助力东盟海岛居民减贫
　　　——中国水利部农村电气化研究所开展可再生能源帮扶案例

175 汨汨清泉润人心，苦尽甘来美梦圆
　　　——国家电网巴西苦咸水淡化公益项目案例

183 生态保护与脱贫攻坚有机结合
　　　——国家能源集团青海省曲麻莱县黄河源生态保护治理项目案例

191 传统医学助力种质资源保护、开发和利用
　　　——中国药科大学发展中药产业帮扶陕西省镇坪县案例

粮食问题

202 动态保护农业文化遗产，助力脱贫致富乡村振兴
　　　——国际组织与政府协同打造贵州从江稻鱼鸭全球重要农业文化系统保护模式

210 中国农村农户储粮"六位一体"减损增收实践
　　　——中储粮公司农户安全储粮研究和示范项目案例

218 打造藜麦全产业链，产销结合助力增收
　　　　——中国石油化工集团有限公司产业帮扶案例

225 "小杂粮"带动群众增收致富"大产业"
　　　　——陕西省子长市黄米山村特色产业减贫案例

脆弱性群体

234 提高教育质量，阻断代际贫困
　　　　——亚洲开发银行在吉尔吉斯共和国的教育系统发展计划案例

240 为巴西老人和儿童铺就健康之路
　　　　——国家电网巴西控股公司健康减贫案例

246 创新多方共建机制，打造农村残疾人就业新模式
　　　　——浙江省淳安县农村残疾人就业增收案例

252 中国农村地区0~3岁婴幼儿照护普惠服务解决方案
　　　　——养育未来项目案例

259 农村学生视力关爱项目
　　　　——陕西、甘肃和宁夏贫困县的视光中心模式案例

268 "小教育"助力"大振兴"，手工艺帮扶失业女性
　　　　——浙江省宁波市镇海区职业教育中心学校帮扶案例

减贫项目实施与管理

278 农民专业合作社主导农业产业价值链发展
　　——四川省叙永县世界银行六期项目案例

286 互联网资深员工驻扎县域，助推乡村发展形成新局面
　　——阿里巴巴乡村特派员项目案例

295 "小岗位"发挥"大作用"
　　——山东省济南市脱贫帮扶公益岗案例

302 "乡村合伙人"模式激发乡村发展内生动力
　　——山东省泗水县龙湾湖乡村振兴示范区案例

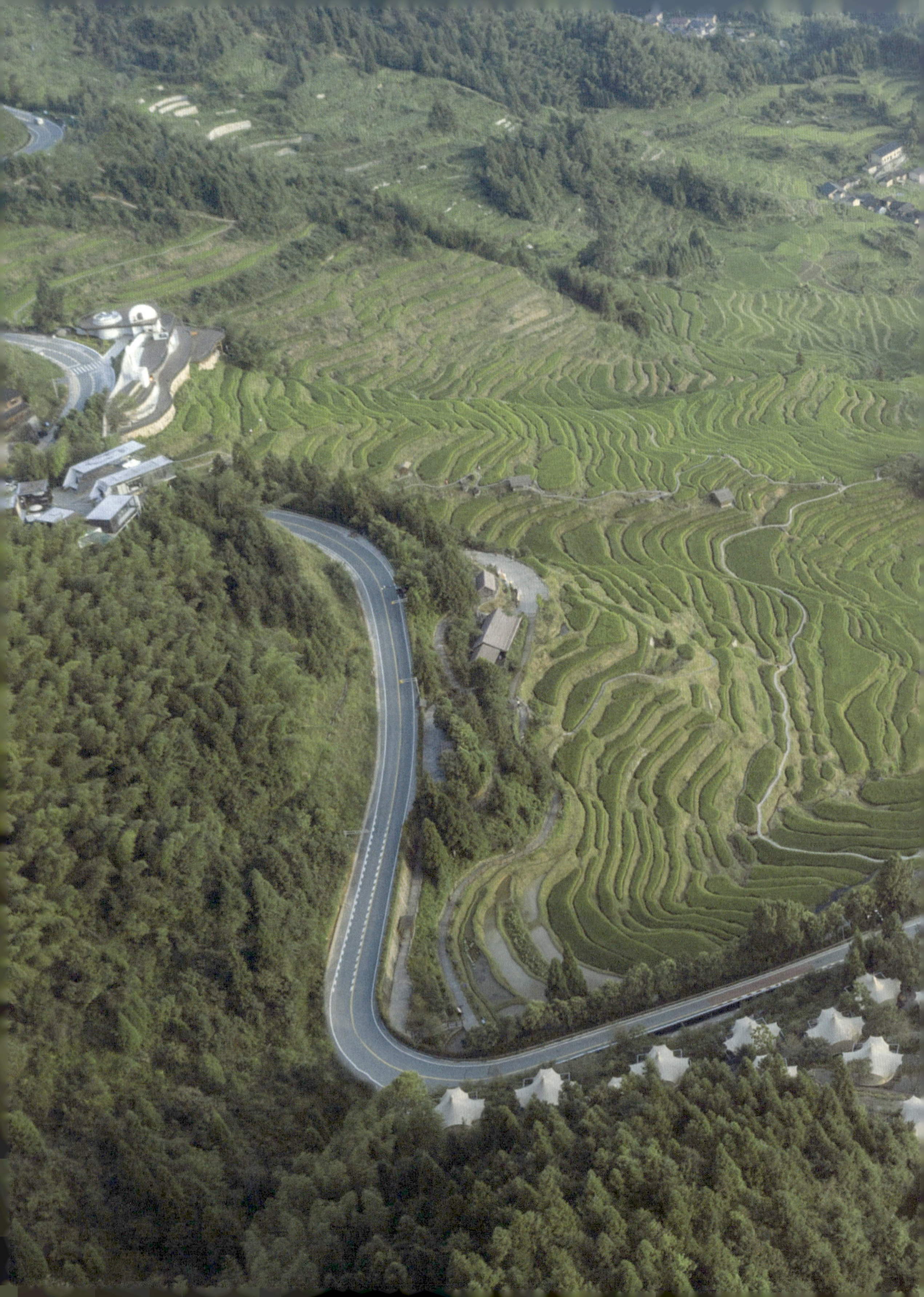

国际合作

利用"生产性投入基金"推广水稻种植，助力农户增收
——援布隆迪高级农业专家组技术援助项目减贫案例

案例类型： 国际援助

关 键 词： 技术援助，水稻种植，产业减贫

提交机构： 中国农业农村部国际交流服务中心，援布隆迪高级农业专家组

摘要

农业是布隆迪共和国（以下简称"布隆迪"）的支柱产业。由于基础设施薄弱、农业技术落后等，布隆迪农业生产力较为低下，农产品不能自给自足，面临严重的粮食安全危机。为落实中非合作论坛北京峰会的相关举措，中国农业农村部国际交流服务中心自2009年起连续承担了第一期至第五期援布隆迪高级农业专家组技术援助项目。其间，中国农业农村部国际交流服务中心指导专家组借鉴中国减贫经验，创新通过"生产性投入基金"推广杂交水稻种植，在布隆迪试点建设了第一个援布隆迪水稻技术减贫示范村，结合试验示范、技术培训、定向培养带头人等措施，已帮助示范村134户1072人全部脱贫。目前，这一减贫模式已成功在布隆迪的22个示范村推广，受益人口超过31 000人。今后，该减贫模式将在布隆迪全国进行推广。

背景

布隆迪地处非洲中部赤道南侧，属内陆国家，是全球最不发达的国家之一。2022年，该国人均国内生产总值仅为285.7美元，超过65%的人口生活在1.9美元/天的国家贫困线以下。农业是布隆迪的支柱产业，农业人口占比约90%。

水稻是布隆迪重要的粮食作物。2016年，当地山区沼泽地的水稻平均产量为1.8吨/公顷，平原区的水稻平均产量为2.8吨/公顷，远低于世界平均水平。当地水稻生产缺乏优良的主栽品种、栽培技术落后、缺肥缺药、土壤障碍多，稻瘟病流行也逐渐成为生产中的主要问题。上述问题导致布隆迪的水稻产量低、种植效益差，严重阻碍当地水稻生产和产业可持续发展。

项目实施

2020年，中国脱贫攻坚战取得全面胜利，为全球减贫事业作出了重大贡献。截至目前，中国政府通过实施援布隆迪高级农业专家组（以下简称"专家组"）技术援助项目，先后向布隆迪派出5批45人次高级农业专家开展农业技术援助，通过开展农业技术试验示范和农业人才培训，不断提高布隆迪的粮食生产技术水平及粮食产能。

（1）探索种植杂交水稻生产性投入基金模式，建立可持续运转机制。专家组为农户提供首季杂交水稻种植所需的种子、肥料、农药等的费用，即"生产性投入基金"，并为其提供技术指导及技术培训。首季水稻收获后，农户自行售卖稻谷，并将其总收入中的生产成本（专家组提供的种子、肥料、农药的费用）主动交至示范村合作社。合作社负责将本村农户上交的生产成本存入指定资金账户，将其作为下季生产投入。每个生产季按此循环，实现示范村水稻生产的可持续发展。

（2）引进中国水稻品种，培育适合当地的水稻新品种，为示范村建设提供优质种源。专家组先后从中国引进45个杂交水稻品种，经过严格的品比试验、栽培试验等筛选出9个品种，向当地品种管理部门提出参加区试申请。先后审定杂交水稻品种7个，大面积示范推广品种2个，其中川香优506区试产量为12.8吨/公顷（比对照增产33.4%），千乡优616区试产量为11.4吨/公顷（比对照增产40.2%）。利用当地资源选育抗稻瘟粳稻CIBUCO1，区试产量为6.5吨/公顷（比对照增产23%）。

（3）不断完善栽培技术规程，大幅度提高田间管理水平。专家组重点从旱育秧、规范化栽培、平衡施肥、科学管水、群体调控等方面，结合当地实际进行技术改良。在分散试验基础上进行技术集成，经多年多点大面积示范，完善了当地不同生态区杂交水稻栽培技术规程，制定并不断更新山区抗稻瘟粳稻CIBUCO1栽培技术规程。

专家组动员村民积极配合示范村工作的开展

（4）培养青年致富带头人，储备优秀农业人才。专家组定期对示范村农户进行技术培训，提高其生产技能，鼓励村民之间相互交流技术、沟通信息、取长补短、共同致富。专家组精心确定农户增产增收、脱贫致富的可持续发展机制，选择文化水平较高、愿意服务村民并带领他们一起发展的年轻人作为骨干进行全过程培养，发挥其"传帮带"作用。通过2~3季的连续种植，青年致富带头人基本能够达到水稻栽培领域农艺师的技术水平。

（5）与援布隆迪农业示范中心有机结合，不断扩大示范效应。专家组将占地12公顷的援布隆迪农业示范中心与各示范点工作有机结合，充分发挥各自优势开展示范推广。专家组在农业示范中心建立水稻新品种制种基地，在当地各生态区建设示范村，推广农业技术成熟的示范培训平台，在试验、成果展示、人才培养等方面的作用得到充分发挥。在此基础上，专家组将农业示范中心研究制种、平台培训与各示范村水稻品种的示范推广、实践培训紧密结合，实现充分融合对接，提高援外成效和水平。

成效

1. 助力示范村脱贫，经济效益和社会效益明显

（1）明显提高示范村农户的收入水平。林格四村示范项目涉及134户1072人，该村耕地面积为47.6公顷。2018年项目启动前，该村水稻种植为一年一季，年人均占有水稻205.9千克，人均纯收入仅为25.36美元，户均纯收入为177.52美元。

该项目实施第一年，该村年人均占有水稻达1026千克，种植水稻后人均纯收入达到258.2美元、户均纯收入增至2002.6美元。该项目实施第二年至第三年，该示范村农户的人均纯收入和户均纯收入继续稳步提升。该项目实施第四年（2022年），全球水稻等粮食价格大幅度上涨，示范村农户的收入实现大幅度增加，人均纯收入和户均纯收入分别达到452.1美元和3765.6美元，两种收入分别较2021年增长近80%。

示范村农户大丰收

该项目实施4年来，累计种植水稻面积达380.64公顷，水稻总产量为4104吨，纯收入为131.9万美元，村里的农户大多建起了二层小楼，失学的孩子回到了校园，实现全村脱贫。

（2）引领水稻产业发展。针对布隆迪山区稻瘟病严重危害水稻生产的实际问题，专家组采取一系列果断措施，从应急和机制建设上解决稻瘟病问题。一是在山区的14个省运用"生产性投入基金"发展杂交水稻的可持续发展模式，设立22个水稻示范村，重点进行抗病品种的综合技术示范，同时在卡扬扎省、穆拉姆维亚省进行300公顷成片水稻抗病品种综合技术示范。二是创新性地开展良种异地快繁。在布隆迪农牧投资合作社的支持下，联合布隆迪农业科学院开展8公顷山区急需抗病品种异地快速繁殖。所用品种被布隆迪国家破格审定，目前已成为中海拔地区重点品种,开启了山区水稻发展中稻瘟病防治历史的新篇章。2022年,布隆迪总统为表彰专家组的贡献,授予专家组组长杨华德布隆迪国家功勋成就奖。

2. 发展模式的创新性、可持续性和可复制性较强

由于第一个援布隆迪水稻技术减贫示范村脱贫取得良好效果,所以布隆迪农业部将"依靠援布隆迪农业组水稻高产技术助布减贫"列入国家农业发展规划。中布联合开展一系列调研,按照该模式,援布隆迪五期项目启动了22个示范村建设工作,惠及2420户近16 899人,实现户均增收2567.2美元。在布隆迪农业部的大力支持下,自2020年以来,新增14个合作社770户(5349人)以基金模式种植880公顷杂交水稻,户均增收4888.3美元;新增19个合作社1650户(11 550人)以基金模式种植抗稻瘟病品种CIBUCO1 1575公顷,户均增收1484美元。到2022年年底,还新增"杂交水稻种子基金"模式种植示范合作社14个,面积622.7公顷,新增受益农户1249户,新增受益人口8603人。

3. 为示范村可持续发展培养青年人才

专家组结合布隆迪的人才培养计划,共培训当地官员、技术员和农民2万余人次,并致力于培养一批涵盖当地农业大省的优秀青年农业带头人。专家组培养的70名青年致富带头人已成为当地水稻产业发展的骨干力量,为水稻种植和农业长期可持续发展奠定人才基础。

经验与启示

1. 充分结合当地农业发展实际

专家组通过调研充分掌握受援方农业发展的实际，紧密结合布隆迪政府的农业发展规划，优选具有产业比较优势和潜力的专业领域，特别是水稻种植，扩大试验示范规模，开展品种审定，推动技术上成熟、经济上可行的项目在当地的产业化发展。

2. 借鉴中国经验创新探索

通过专家组深耕近十年的援助实践，借鉴中国减贫经验，成功探索出适合当地的"生产性投入基金"发展杂交水稻的可持续发展模式，获得布隆迪农业部等相关部门的积极支持和当地农户的热烈欢迎，为进一步大范围推广、促进产业发展和减贫奠定了良好基础。专家组通过与布隆迪国家水稻总公司（或属地省农业部门）、属地村合作社及农户签订的四方协议，明确各方权利、义务，以促进水稻示范村模式的良性循环和可持续发展。

3. 重视本土化人才培养

示范村是成果展示、技术推广、人才培养的重要平台。在实际生产中，学员们互相学习借鉴，学有所用，大多成为种植能手。人才队伍培养对促进增产增收，进而实现减贫、脱贫、致富发挥了重要作用。专家组在当地选拔培养了70位农民技术员，教技术、传经验，他们既是生产者，又是技术员，还是管理者。

中国专家组对布隆迪农民技术员开展水稻种植技术培训

真实故事

　　26岁的艾力思特（Ernest Irankunda）被专家组选为致富带头人培养。在专家组的指导下，他掌握了杂交水稻种植技术，勤学苦干，在2年时间里就解决了全家的温饱问题，失学的兄弟姐妹也回到了学校，还修建了自己的新房。从2020年开始，他被专家组派驻锡比托克省驻点指导该省杂交水稻发展，协助专家组为该省杂交水稻示范村建设作出了突出贡献。他受到布隆迪总统、总理肯定，被布隆迪总统指定为刚果（金）水稻3000公顷技术团队负责人，成为专家组培养的优秀本土专家。

"授人以渔"让中国水稻技术扎根非洲
——中国援坦桑尼亚农业技术示范中心技术合作案例

案例类型：国际援助
关　键　词：技术援助，水稻种植，产业减贫
提交机构：中国援坦桑尼亚农业技术示范中心

摘要

中国杂交水稻技术对维护全球粮食安全发挥了重要作用。近20年，坦桑尼亚的稻米消费水平保持增长态势。受种植习惯、水利设施、栽培制度、经济状况等因素限制，水稻高产栽培技术成为当地农业生产的迫切需要。在中国驻坦桑尼亚大使馆的主导下，中国援坦桑尼亚农业技术示范中心（以下简称"示范中心"）专家送技术下乡进村，通过技术示范、培训和培养致富带头人，让农户亲身体会和感受实践效果。这种推广方式易于被广大农户接受，成为中国农业专家在非洲推广农业技术的重要模式。

背景

在2006年11月4—5日中非合作论坛北京峰会上，中国政府宣布按照"1省—1国对口负责制"援建模式，援助非洲国家建立特色农业技术示范中心，引导和扶持农业"走出去"实

现可持续发展，传播高效技术，培育优势产业，维护粮食安全。由重庆市承担建设的中国援坦桑尼亚农业技术示范中心从2015年开始承担驻坦桑尼亚大使馆主导的"中国农业技术惠坦行"（以下简称"惠坦行"）项目，助力坦桑尼亚农户更深入地学习和采用中国农业技术。

项目实施

中国援坦桑尼亚农业技术示范中心是中国政府援建平台，坦桑尼亚的合作机构是农业部和农业科研机构。当地农户在这个平台上参与"惠坦行"项目，学习和采用中国技术。有的农户成为致富带头人，在带动身边农户依靠新技术实现减贫上发挥了积极作用。

1. 精心运作，突出内涵和有效方式，产生一定影响

每年开启"惠坦行"项目时，由中国驻坦桑尼亚大使馆组织项目启动仪式，中国大使或商务参赞担任主持人，本省省级行政长官、地区专员、大学教授、双边农业专家、技术推广员、示范户代表及媒体广泛参与。坦桑尼亚合作机构负责招收学员，示范中心承担技术传授任务。

2. 开展试验研究，筛选适合当地条件的新品种、新技术

根据当地的农业条件，开展中外新品种和新技术的试验研究工作。示范中心以莫罗戈罗为主，开展杂交水稻和常规水稻品比试验，引进中国杂交水稻，与坦桑尼亚Saro系列和Sato系列常规水稻进行品比试验，按照每个生产季布置15~20个示范片（点）进行筛选试验，筛选苗头品种，开展栽培技术驯化。

全球减贫案例集 2024

2019年12月，示范中心专家在伊林加区培养玉米青贮技术骨干

3. 采取技术示范，专家言传身教，增强技术传播效果

在粮食主产区莫罗戈罗，每生产季设置百亩（1亩=0.0667公顷）集中示范区、3~5个示范村、8~10个示范点和万亩示范片。改进新技术满足本地化需求后，在姆贝亚、西米尤、姆万扎、滨海、桑给巴尔等省区，每生产季布置7~15个育苗移栽示范点，利用多生态气候条件对技术进行改进，供当地农户观摩学习和示范推广。

4. 通过人员培训，将理论与实践结合，让技术落地

在试验示范过程中，组织官员、专家、技术员、农户等各种层次人员参加培训学习，将品种筛选与栽培试验配套、课堂理论教学与田间实践结合，举办集中培训班和示范点分期培训班，设置高级研修班、中级研修班和普通培训班，以每生产季200人次以上规模培训农户、农场主等。

中国专家示范水稻田间管理技术

5. 定期总结，以"传帮带"方式分享传播经验

无论是集中培训，还是田间指导或电话咨询，都有示范中心培养的当地技术骨干参与，把"授人以渔"的理念贯穿始终；无论是集中试验，还是示范点技术咨询指导，中国专家进村解决问题前都有两国专家联合参与，在解决技术问题中展现合作优势，不断引领致富带头人，逐步培养青年科研人才。

6. 挖掘典型，通过"专家讲技术，农户讲故事"推广技术

对技术传播中出现的典型人物经历进行挖掘整理，使之成为传播技术的一种方式。比如，滨海区鲁菲吉地区水稻种植大户米图罗（Zulfikar Mmituro）采用中国技术成为致富带头人后，经常在不同场合主动分享亲身经历。

水稻种植在坦桑尼亚喜获丰收

成效

示范中心自2010年建成后，因地制宜改进技术，满足不同种植户的生产需求，当地农户也主动参与新技术的推广实践。在坚持多种形式的试验研究、人员培训和示范推广的同时，连年实施"惠坦行"项目，持续打造技术传播品牌，当地农户从中学习和实践多种先进实用技术，切实实现了增产增效，因此坦桑尼亚农户对中国农业技术有了更深刻的认识。该项目成为在当地推广新技术的重要渠道，技术示范效果增强了当地农户和镇村干部采用中国技术的信心和决心。尤其是水稻高产栽培技术，它成为当地农户实现增产增收的重要方式之一，助力水稻生产呈现强劲发展势头。

"惠坦行"项目不但获得了当地认可，而且赋予农业生产新的生命力，真正实现了"做好一个点，带动一大片"的示范效果，发挥了援外项目"授人以渔"和"小项目大宣传"的重要作用。到2021年年底,"中国农业技术惠坦行"项目开展系列活动、布置技术示范片(点),从莫罗戈罗扩展到姆贝亚、桑给巴尔、姆万扎、滨海、西米尤、伊林加、松圭等。每年集中为达卡瓦镇36 000亩技术示范片和5个综合示范村提供技术支持,在7个省建设15~20个示范片(点),示范推广以水稻为主的适用技术11套以上,不断培养农民致富带头人,带动当地农户依靠科技实现减贫。

经验与启示

"惠坦行"项目遵循"良种良法"准则,在科学施肥、病虫防治、农艺农机配套等方面因地制宜,做好技术培训和技术服务工作,取得显著的示范效果。

1. 政治效益

围绕促进双边关系,解决粮食安全问题;双边专家共同参与,服务技术创新;技术培训提高生产水平,促进小农户增产增收;带动中资企业参与生产,倒逼小农户学习技术;该项目受到坦桑尼亚政府、专家和农户的广泛欢迎;技术示范中亲身感受到中方友情,提高后续科技合作的地位和作用。

2. 经济效益

示范推广的水稻高产栽培技术在莫罗戈罗生产示范时,杂交水稻一般单产达到10~13吨/公顷,当地主推的常规品种通常单产达到8~10吨/公顷(采用当地技术一般单产为2~4吨/公顷),增产为30%~200%。每年生产季达卡瓦灌溉计划36 000亩水稻采用这项技术,至少2000名农户直接受益。

3. 社会效益

示范推广水稻先进实用技术,有效提高土地综合生产能力,作物单产提高后有效增加农民收入，减少稻米进口依赖。该项目实施为当地农民带来一系列新技术、新思想、新观念、新思路，促进文化交流、技术传播、信息共享，在双边长期农业合作中发挥积极作用。

4. 生态效益

通过新技术优化利用土、肥、水、气、热等农业资源，可有效降低太阳辐射导致的地表热量，降低蒸腾，减缓干旱，在作物生产中发挥平衡协调作用，保护作物生长环境；科学施用肥料农药，减少传统种植导致随水流失带来的环境污染，有效促进经济、社会、生态、资源的可持续发展。

真实故事

米图罗拥有100英亩稻田，从坦桑尼亚的大型"七七节"展会上了解到示范中心后，就专程找到示范中心求教。在示范中心的全力支持下，通过采用水稻高产栽培技术，他的水稻产量达到9.3吨/公顷，因此增加家庭收入。他在城里买房，小孩在城里上学，他成为当地致富带头人的典型代表，吸引当地农户参观自己的农场。米图罗表示，从开始使用中国新技术以来，已经将鲁菲吉当地的水稻产量从每英亩15袋提高到每英亩36袋，增长一倍有余。因此，他每年参加"惠坦行"项目，并在多种场合倡导当地稻农学习中国技术，遵循中国专家提供的技术指南，一项一项地认真实施，从而获得更高的产量。

中国援萨摩亚示范农场项目
——中国商务部委托湖南省农业对外经济合作中心减贫案例

案例类型：国际援助
关 键 词：技术援助，示范农场，蔬菜产业，肉鸡产业
提交机构：中国商务部

摘要

中国援萨摩亚示范农场项目由中国商务部委托湖南省农业对外经济合作中心实施，自 2010 年至今已实施 5 期。14 年来，50 位湖南农业专家栉风沐雨、砥砺奋进，通过示范农场+示范农户模式，将大量物资、技术直接交给农户，建立我国援助太平洋岛国最大的综合性示范农场，扶持 100 多名示范农户，取得 25 项科研成果，推广 9 项重大农业技术，提供大量农业物资，开展农业培训 1 万多人次，显著提高萨摩亚蔬菜、肉鸡和水果的生产能力和技术水平，改善膳食结构，增加农民收入，取得显著的减贫效果和可持续发展能力。农业援外生机勃勃，得到中萨两国政府和民众的高度赞赏。

背景

萨摩亚独立国（以下简称"萨摩亚"）是南太平洋岛国，人

均国内生产总值为4087美元。当地膳食结构严重失衡，肥胖问题突出，80%人口的体重超标。当地每年人均消费鸡肉达92千克，蔬菜不足10千克，膳食结构亟须改善。

萨摩亚的粮食、蔬菜、水果需要大量进口，99%鸡肉依靠进口，每年食品进口约1亿美元。近年来，萨摩亚的食品、燃料、饲料、肥料和金融等危机加剧，物价大幅度上涨，低收入人群的生活更加窘迫。

萨摩亚农业生产方式落后，土壤多石，80%的土地尚未开发，产能严重不足。蔬菜生产受雨季强降水影响，产量低，价格高；肉鸡生产缺少鸡苗和饲料，饲养规模很小。

项目实施

通过示范农场+示范农户模式，将大量物资、技术直接交给农户，研发推广关键农业技术，开发肉鸡产业链，大幅度提高蔬菜、肉鸡与水果的生产能力和技术水平，农民收入显著增加，减贫惠民取得成效。

鸟瞰中国援萨摩亚示范农场

1. 建设示范农场，服务产业发展

示范农场项目开山移石，在荒地上创建了20英亩中萨示范农场，它已成为中国援助南太平洋地区规模最大、功能最全的综合性示范农场，集中展示作物新品种、蔬菜大棚、肉鸡放养、饲料加工、"种—养—沼"循环农业、水果高产栽培、有机肥及土壤改良、农机应用与维修、病虫综合防治等9项关键农业技术，强化种子生产基地、技术示范窗口、农业培训中心和交流合作平台四大功能。示范农场生产并发放500多千克种子、5万多株种苗和2000多只鸡苗，首次建成饲料厂、种鸡场、孵化室、育雏室等萨摩亚放养肉鸡产业链的主要载体，首次规模化种植木薯、蛋白桑、玉米等饲料作物，开始为农户生产并提供鸡苗和饲料。

2. 研发关键农业技术，多渠道广泛推广

援萨摩亚农业专家组深入研究受援国情况，成功研发受当地普遍欢迎的热带蔬菜大棚、放养肉鸡产业链、"种—养—沼"循环农业等关键实用技术并多渠道推广。为萨摩亚量身设计的热带蔬菜大棚，具有避雨、通风、节水、省地、防虫、经济、高产、高效等优点，获得3项中国专利和萨摩亚政府科研成果。该项目建设了100多个蔬菜大棚，带动国际组织、政府和民间等渠道投资建设300多个蔬菜大棚。蔬菜大棚已成为萨摩亚公认的蔬菜生产关键技术，大幅度提高萨摩亚的蔬菜产量。

3. 践行可持续发展理念，大力建设示范农户

在受援国政府支持下，该项目将大量援助物资和技术直接交给农户。项目第5期建设示范农户56个，包括30个蔬菜示范农户、6个养鸡示范农户和20个柑橘示范农户。每个蔬菜示范农户建设2个大棚；每个养鸡示范农户建设高质量肉鸡舍90

平方米，获得1500羽鸡苗和饲料；每个柑橘示范农户种植50株以上橘苗。该项目为示范农户发放大批种子、种苗和农具。农业技术援助从小范围试验示范转为大量进村入户，直接形成生产力，花钱少、受益广、效果好，提高可持续发展能力，深受萨摩亚农户和政府的欢迎。

果园养鸡

4. 开展大规模培训，加强能力建设

该项目实施以来，专家组开展大规模培训，开发培训模块30多个，采取课堂讲解与田间操作相结合的方式，培训萨摩亚农渔部官员、示范农户、兴趣农户和学生，累计培训超过1万人次，发放技术资料8000余份。许多兴趣农户也与示范农户一起在培训中受益。萨摩亚农渔部常年有2~4名官员和20多名工人全职在该项目中跟班学习，萨摩亚国立大学每年有20多名

学生到农场工作实习。专家组与示范农户保持密切联系，农户在生产中遇到困难时，中国农业专家就及时下到地头开展"一对一"帮扶工作，面对面讲解，手把手传授。许多农民与中国专家成为朋友，心越贴越紧，友谊越来越深。

中国农业专家组送鸡苗和饲料给农户

成效

（1）萨摩亚的蔬菜、肉鸡生产能力和技术水平得到显著提高。萨摩亚蔬菜供应增加，部分蔬菜价格有所下降，西瓜价格从每千克20塔拉降到7塔拉，改写了萨摩亚的西瓜全部依靠进口的历史；确保2019年太平洋运动会6000多名外国客人的蔬菜水果供应；新冠疫情期间萨摩亚食品价格大涨，但蔬菜价格基本平稳。该项目研发的萨摩亚放养肉鸡产业链已累计生产配方饲料 5000 千克，为农户发放 2000 多羽鸡苗和 3000 多千克饲料，农户饲养的首批肉鸡已如期上市；萨摩亚畜牧局原来每年只能孵化 300 只鸡苗，该项目如今每周就能孵化 300 只鸡苗。

（2）示范农户的收入显著增加。据统计，大部分蔬菜示范农户年增收 3 万塔拉（约合 1.2 万美元）。许多示范户新建住房，购置新车，逐步迈入幸福的小康生活。

（3）该项目取得突出的阶段性成果，得到中萨两国政府、民众和媒体的好评。项目实施期间，萨摩亚总理曾到中国示范农场视察，两任农业部长均大力支持该项目工作。人民日报、新华社、中央广播电视总台等国内主要媒体和萨摩亚当地报纸、电视、电台先后报道项目 50 多次。该项目在萨摩亚社交媒体中保持极高的关注度和好评率。

经验与启示

（1）技术、物资大量进村入户是农业援外项目减贫惠民的有效途径。将大量援助物资和技术直接交给农户，打通农业推广"最后一公里"，技术示范不再是可望而不可即的"镜花水月"，而是深植于农户直接形成生产力，大幅度增强可持续发展能力。示范农户的成功增加更多农户对先进技术的认可度，技术得到更多推广，"输血+造血"双管齐下，助推农户增收、农业增效、农村繁荣。

（2）因地制宜研发推广先进适用技术是援外减贫成功的关键。针对受援国农业发展的突出问题和重要需求，充分发挥我国的技术、物资优势，选准痛点和突破口，研发推广适合当地生产水平的先进技术，在试验成功后大规模向农户推广，不片面追求试验地的高产纪录，重视产业配套和技术物资服务，关注农户的接受能力，实现技术推广和产能提高突破。

（3）践行先进理念是实现可持续减贫惠民的保障。在农业援外工作中，坚持以人类命运共同体理念为指引，践行生态环保、可持续发展、创新引领、市场导向、价值链开发、能力建设等先进理念，农业援外项目才能经得起时代检验，展现出勃勃生机，造福受援国民众，成为惠民生、受欢迎的项目。

真实故事

2018年，中国专家组为阿里山村的朵拉·马普苏（Dora Mapusua）援建2个蔬菜大棚，采用良种，改进耕作方式，大幅度提高蔬菜产量。该农户贷款新建10个连体大棚，扩大蔬菜种植。但是，蔬菜大棚刚建完，马普苏的丈夫和1名工人就因车祸去世，她面临沉重的压力。中国专家组积极鼓励，隔三岔五去农场排忧解难，帮她重拾发展蔬菜生产的信心。短短3年时间，她就还清银行贷款，如今农场蔬菜年销售收入达到10万塔拉（约合4万美元），她的农场已经发展成为萨摩亚规模较大的商业农场。

小规模生态循环清洁农业模式家庭农场助力南太平洋岛国农业可持续发展
——中国商务部援汤加第五期农业技术项目案例

案例类型： 国际援助
关 键 词： 技术援助，生态减贫，沼气，生猪产业，蔬菜产业
提交机构： 中国商务部

摘要

农业是汤加王国（以下简称"汤加"）国民经济的三大支柱之一，发展较为落后，以家庭规模为主，呈原始状态。当地生态环境脆弱，承载力有限，进行农业种植养殖生产均会产生农业有机废弃物，容易污染水源，对生态环境构成较大威胁。湖南国际工程建设有限责任公司根据汤加的实际情况及农业发展规划和目标，对养殖业和种植业通过可再生清洁能源（沼气）进行有机整合，开创了"猪—沼—菜"小规模生态循环清洁农业模式，让当地农户在提高农产品经济收入的同时，节省生活成本，保护生态环境，实现社会、经济发展与土地资源、生态资源、水资源承载力的相互协调，做到开发、保护并重，帮助汤加建设更具可持续性、弹性的农业生产和农业系统。该模式适合在热带地区推广，具有可复制性。

背景

汤加是太平洋岛国,生态环境比较脆弱,淡水资源缺乏,生态承受能力有限。由于汤加农业基本是自然发展,因此仅有小规模农场种植经济作物,作物品种较为单一,耕作方式较为原始,产量整体欠佳。当地生猪主要为散养或简单圈养,以家庭规模为主,生产方式较为原始粗放,猪的排泄物未被收集处理直接排放,对土壤和淡水污染较大,容易导致人畜疾病的流行。汤加民众平时生活和生产使用的能源基本以木材、液化气和电为主,液化气和电的价格非常高,民众的生活成本居高不下,砍伐木材对自然资源的破坏日趋严重。

采取"猪—沼—菜"小规模生态循环清洁农业模式的家庭农场设施

项目实施

中国援汤加农业技术项目是中汤两国在农业领域开展的互

利合作，是加强民间友好往来的一个非常重要的平台。中国政府自2009年开始对汤加提供农业技术援助，十多年来累计派出80多名农业专家赴汤加开展工作。

该项目根据汤加的实际情况，进行深入调研和反复论证，最终确定推广实施"猪—沼—菜"小规模生态循环清洁农业模式，形成清洁生产、低投入、低消耗、低排放、高效率的生产格局，并紧紧围绕这一可持续发展模式延伸各方面工作。

在生猪养殖方面，该项目结合汤加的畜牧业发展水平，采用适合当地生产需要的农业技术，向农户示范和推广中国成熟的小规模、家庭式的生猪圈养及人工授精技术，旨在改变汤加农业生产粗放式散养的管理模式。引导示范户圈养生猪，集中收集猪粪入沼气池，减少其对自然和生活环境的污染。充分利用当地的饲草料资源，示范和推广生猪全价饲料和牧草、椰子、木薯等混合饲喂技术，科学配比饲料，减少全价饲料的用量，降低养殖成本。采用人工授精技术，最大限度地利用示范区优秀种猪提升当地种猪的品质，改变当地养殖户传统落后的养殖习惯，减少或放弃养殖种公猪，降低养殖成本。通过与汤加合作建立生猪人工授精站，利用取得的人工授精专利技术培训当地畜牧技术员，现已实现生猪人工授精技术的落地生根，生猪人工授精站的技术和管理人员全部本土化。

在蔬菜种植方面，该项目利用实施单位自主知识产权专利技术确保多种果蔬品种在汤加雨季仍然能够正常种植。通过引进新技术和新品种、集成绿色种植技术、改良种植方式，配套适合汤加的大棚设施农业、物理防虫防病、地膜覆盖、滴灌、轮作休耕、不同品种间套轮作等种植技术并进行示范，促进这些农业实用技术不断推广，提高汤加蔬菜供应质量和增加蔬菜品种类型，提高当地农业技术整体水平。与当地农业局合作建立优质果蔬种苗培育中心，进行果蔬留种试验，提高汤加技术人员的育苗水平，提高种子出苗成活率，向当地农户提供种苗，缓解种植户种源获得难和成本高的问题。

在沼气应用方面，该项目以农业示范区为依托，在汤加各地面向社会不同人员，开办关于沼气的科普培训班，使发展沼气清洁环境的观念深入人心。建立"猪—沼—菜"生态循环清洁二级示范户，让汤加民众实实在在地感受到沼气在适用性、环保性和经济性方面的优势。利用实施单位取得的自主知识产权专利技术，让沼气池的出料清池维护变得清洁高效。对汤加的沼气维修服务技术人员和沼气示范户进行技术培训，降低用户的家庭开支成本，提高用户安全使用沼气的意识，使汤加沼气维修服务技术人员具有独立进行故障维修的能力，确保沼气系统能在汤加持续长久地发挥作用。

农学实践课中，技术组为当地学生提供蔬菜种植教学实践机会

成效

该项目为汤加塔布岛、埃瓦岛和瓦瓦乌岛建立示范、推广"猪—沼—菜"小规模生态循环清洁农业模式示范区（户）共38个，其中沼气池总池容量共计560立方米，年可产沼气总量为5.11万立方米，年处理生猪养殖粪水总量为11 666.7吨，每年能节省家庭购买液化气的生活成本约9.28万潘加，或者节约木柴砍伐总量约81.35吨，每年减排二氧化碳74.48吨，一年提供的沼肥相当于7.47吨硫酸铵、5.97吨过磷酸钙、2.24吨氯化钾。这种模式将生猪养殖、蔬菜等作物种植和沼气应用有机整合，种菜尾料可以喂猪，猪粪产生沼气可供家庭生活烹饪，沼液沼渣是种菜的天然肥料，可大幅度减少化学肥料使用量，充分发挥各自的优势，避免种植养殖带来的环境污染和资源浪费的劣势。这一闭环生产模式可同时产生降低养殖污染、提高土壤肥力和减少农户生产生活开支的多重功效，在实践中取得了良好效果。

汤加农林食品部的莱奥迪曾说：在中国农业援助项目实施前，当地的农田里只有黄瓜、西红柿等少数蔬菜品种，雨季基本没有蔬菜可以售卖。现在市场上销售的蔬菜品种增加了很多，全年都有供应，价格也大幅度下降。以前岛内到处都能看到猪跑，影响交通又污染环境；现在越来越多的农户开始圈养生猪，交通更加通畅，对促进旅游业发展也发挥很大作用。

经验与启示

为避免汤加民众对援助项目的依赖，提高示范户参与生产的积极性，确保可持续发展，该项目实施单位湖南国际工程建设有限责任公司在项目示范推广中创新性地采取示范观摩和持续激励方式。

示范观摩就是充分利用项目已建成的示范区，将其作为宣传工具，让感兴趣的汤加农户能随时到现场观摩学习，使"猪—沼—菜"生态循环清洁农业模式从概念变成看得见、摸得着的实惠。当地民众也因此有了积极性，纷纷踊跃报名申请成为项目的二级示范户。

持续激励就是在二级示范户建立后，不会立即放手交付汤加，而是在相当长的一段时间内持续为其提供物资和技术支持，在示范户的生产过程中将其落后的观念和生产方式逐渐调整过来。同时，采取示范户之间评比、发放农资奖励等方式激励示范户，增加其生产积极性。例如，汤加民众一直有食用烤乳猪的习惯，因此对幼猪的需求量很大，但往往因为幼猪被过度食用导致后备种猪匮乏，生猪种群数量减少。在中国专家的悉心指导下，当地农户会把新生猪仔中生长状况较好的作为后备种猪留下、生长状况较差的食用。通过合理安排，既节省了成本，又维护了种群数量和种猪质量。

该项目二级示范户莱卢阿·陶法生态循环清洁农业模式家庭农场中的黄瓜获得丰收

随着援助项目工作的不断深入，该项目实施单位认识到农业援助事业不应只关注农业发展的当下，更应该投资农业发展的未来。因此，该项目实施单位创造性地将现有的农业示范区作为实践基地，与汤加多所高等院校的农学专业开展联合教学，为学生们创造一个鲜活的农业学习小天地，帮助他们在实践中将所学农学理论知识与农业生产相结合，学以致用，帮助汤加培养对农业感兴趣、懂技术的青年农民。

真实故事

汤加瓦瓦乌岛费莱托村的项目二级示范户斯克提·安东尼奥，在项目实施前只零星种植少量蔬菜供自家食用且品种单一，生猪都是散养，经常丢失或死亡，产仔率低，产出的生猪仅够家庭食用，每年还要购买液化气用于做饭。2015年，中国农业技术组帮助他搭建一套"猪—沼—菜"生产设施。现在，他的种植面积扩大到6英亩，种植的蔬菜除满足自用之外，还在市场上售卖，每年可获得超过2万潘加的收入。他家的生猪由于采用圈养的方式饲养，丢失、死亡的生猪数量大大减少，产仔数量增多，还有剩余的小猪可供销售。现在，他家的燃气也主要是沼气，大大降低了生活成本。他和他的家人非常感谢中国农业技术专家为他提供的帮助。

草果香飘密支那，缅北不见罂粟花
——中国与缅甸示范种植草果替代罂粟合作案例

案例类型：国际合作
关 键 词：替代种植，草果产业，基础设施，教育卫生
提交机构：中国热带农业科学院香料饮料研究所、澜沧江—湄公河农业合作中心

摘要

罂粟替代种植对促进缅甸北部经济可持续发展，遏制地区毒品生产源头，造福当地民众具有重要意义。2021年以来，在中国政府亚洲合作资金的支持下，中国热带农业科学院香料饮料研究所（以下简称"热科院香饮所"）与有关单位合作，在缅甸克钦邦第一特区密支那示范种植草果2000余公顷、1200余万株。合作企业累计收购草果800多吨，带动当地农民增收约1500万元人民币，还设立公益基金，帮助当地改善基础设施和教育、卫生条件，助力提高当地农民生产、生活和教育水平，对改变当地的贫穷落后状况、和支持地区、世界禁毒事业具有积极意义。

背景

缅甸北部山区农民常将种植罂粟作为收入来源。2014—2020年，缅甸罂粟种植面积持续减少，但自2021年以来，罂粟种植面积又有所增加。虽然销毁罂粟田是禁毒的一种方式，

但这不能从根本上解决问题，需要从保障农民收入的持续性与稳定性入手，提供其他替代方案。

项目实施

1. 确定项目模式，推动草果替代种植

草果是云南省怒江傈僳族自治州（以下简称"怒江州"）的特色产业之一。怒江州与缅甸克钦邦密支那接壤，两地山区地理环境与气候相似，具备开展草果种植合作的基础条件。一是建立合作团队。热科院香饮所与怒江兰纪生物科技有限公司（以下简称"兰纪公司"）、缅甸马高瓦基有限公司建立合作关系，联合云南省科学技术协会、云南省怒江绿色香料产业研究院等单位共同实施该项目。二是明确实施方式。兰纪公司向岗房村、俄友村、俄曲村、克钦村、胆都村等的农民免费提供种苗和种植技术服务，对收获的草果以保底价收购；热科院香饮所重点提供草果种植的技术支持。该项目通过从种到收的全链条服务，鼓励当地农民放弃罂粟种植，发展草果种植2000余公顷。

为缅甸草果种植户免费发放生产、生活物资

2. 增强技术支撑，提高草果种植水平

热科院香饮所的项目团队先后多次赴缅甸，对当地气候、土壤等资源进行充分调研，了解掌握当地发展草果产业的基础条件。经调研，缅甸草果种植一直沿用我国云南省怒江傈僳族自治州一带的林下种植经验，管理比较粗放，产量不稳定，直接影响草果产量和农民收入，亟须规范种植技术，提高草果产品品质。因此，热科院香饮所与怒江绿色香料产业研究院共同开展种质资源调查、水肥高效管理技术研发、风味物质鉴定及产品开发等，在规范我国草果标准化生产技术体系的同时，在缅甸开展草果旱季水肥管理等技术区域适宜性试验、集成示范和推广，示范带动缅甸草果产业技术水平提升。

项目技术人员开展田间技术培训

3. 建立公益基金，服务当地社会发展

在推动草果替代种植的同时，合作伙伴兰纪公司积极履行社会责任，拿出部分收益建立公益基金，支持合作村改善基础设施和教育、卫生条件。在当地节日时，他们还向老人、儿童和生活贫困的种植户提供生活物资和资金支持。新冠疫情期间，兰纪公司多次为当地农户免费提供口罩等防疫物资，以及粮油、大衣等生活用品，约合10万元人民币，并承诺以高于市场价格的保护价收购当地草果。种植草果带来的稳定收入使密支那地区的草果农户能够安心地防控疫情，为维护当地社会、经济稳定作出了积极贡献。

成效

1. 替代种植方面

自2016年在密支那地区推广草果种植以来，密支那地区草果种植面积迅速扩大，截至2022年年底，累计带动种植草果2000余公顷、1200余万株。合作企业兰纪公司累计收购草果800多吨，带动当地农民增收约1500万元人民币。通过草果示范种植，为当地减少罂粟种植找到了一种替代产业。

2. 技术改进方面

依托亚洲合作资金项目和兰纪公司，热科院香饮所建立了密支那草果标准化栽培和水肥高效管理技术示范基地450亩，其中核心技术示范区100亩。示范基地草果长势明显提升，养分管理人工成本显著降低，效率明显提高，草果产量（干果）由200千克/亩提至260千克/亩，提高30%。自2021年以来，该项目组织开展线上、线下技术指导与培训4次，培训缅甸当

地生产人员和农民102人次，受训人员的种植技术水平明显提高，技术示范带动效果明显。

3. 农民增收方面

兰纪公司按保底价30元人民币/千克收购草果干果，当地农民收入约3000元人民币/亩。按一户农户6口人、种植10亩草果计算，年人均收入约5000元人民币，而密支那地区普通百姓的年人均收入约2000元人民币（其中包括在罂粟种植区劳动换取的部分微薄收入）。草果种植为当地农民提供了稳定、合法的收入，且收益高于当地平均收入水平。

4. 社会效益方面

自2016年以来，合作伙伴兰纪公司累计投入近2000万元人民币支持密支那地区社会经济发展，为当地农民免费提供6200余万株草果苗，发放生产、生活及防疫物资近400万元，带动开垦2000余公顷山地发展林下经济，当地农民的生活条件得到明显改善。近几年，越来越多的草果农户修缮了自家房屋，稳定的收入来源带动当地村容村貌明显改观。

经验与启示

1. 重视因地制宜运用农业技术

经过几年发展，虽然密支那地区草果产业已具有一定规模，但在优良种苗繁育、田间管理和产品初加工等环节还存在一些问题。因此，热科院香饮所与合作伙伴在详细了解当地种植情况的基础上，对草果种植技术进行本地化优化、改良，有效改善当地草果的生产状况。

2. 广泛建立合作伙伴关系

建立合作伙伴网络，形成"科研机构+政府（协会）+企业"的合作模式，在项目实施过程中充分发挥各自优势，形成合力。科研机构提供技术支撑，政府（协会）组织宣传，企业负责技术落地，形成农业科技研发与应用推广结合的有效方式。通过合作伙伴之间的通力合作，促进农业科技的成果转化，农技支农效果事半功倍。

3. 投资合作与发展合作相结合

一方面，热科院香饮所与企业合作，建立技术示范基地，将实用技术的应用效果以更直观、更有效的方式展示给当地农民。另一方面，在开展投资合作的同时，合作企业将部分收益反哺于当地农民，促进项目村教育、卫生条件的改善，取得了良好的减贫效果，这种人文关怀也在一定程度上坚定了当地农民发展草果产业替代罂粟的决心。

真实故事

字约拿是密支那其培镇岗房村的村民。2016年以前，字约拿一家靠打零工、拾废品等勉强度日，年人均收入不足1000元人民币，居住条件简陋，生活贫困。如今，他已成为当地的草果种植大户，种有草果55亩，2020年收入15万元人民币，2021年收入达20万元人民币。2021年，字约拿家盖起了村里第一栋楼房，生活水平大幅度提高。他逢人就讲草果的好处。在他的带动下，岗房村村民不断扩大草果种植规模，越来越多的村民通过草果种植实现脱贫致富。

其培镇岗房村草果种植户字约拿盖的楼房

世界银行贷款贫困片区产业扶贫试点示范项目的经验
——世界银行与中国合作案例

案例类型： 国际合作
关 键 词： 产业扶贫，价值链
提交机构： 世界银行、中国国际减贫中心

摘要

贫困片区产业扶贫试点示范项目是国家乡村振兴局与世界银行合作开展的第六个大型扶贫贷款项目。该项目总投资 2.95 亿美元（约合 18 亿元人民币）。该项目于 2015 年启动，2022 年竣工。该项目的目标是开发并示范农村产业价值链模式，推动贫困农户平等参与农民经济合作组织产业项目活动，可持续提高贫困农户收入，为其他贫困地区提供示范、借鉴。该项目包括综合价值链开发、公共基础设施与服务、研究培训和推广及项目管理监测与评价 4 个分项目。项目区范围覆盖甘肃省、贵州省、四川省的 27 个县（市、区）、206 个乡镇、587 个行政村。经过近 7 年的实施，项目区探索形成了各具特色的产业链、价值链模式和产业扶贫的模式与机制，提高农民组织化程度、引导农民集约化规模化生产、探讨农户融入市场的机制，将生产与市场有效衔接，最大程度地实现农户的经济利益和可持续发展，取得很好的效果，并为乡村振兴产业富民提供良好的试点示范。

背景

世界银行贷款第六期扶贫项目是中国国家乡村振兴局（原国务院扶贫办）与世界银行合作开展的第六个大型扶贫贷款项目。该项目从2011年开始准备，2015年7月开始实施，2022年6月30日结束。该项目涉及甘肃省、贵州省、四川省三省所辖乌蒙山、六盘山两个片区的27个县（市、区），旨在通过扶持农户自发建立以市场为导向的合作社，同时为其提供与产业发展相配套的基础设施和服务体系支持，初步构建当地特色支柱产业体系，形成综合产业链发展模式，提高农民组织化程度和参与市场竞争、应对市场风险的能力，增加农户特别是建档立卡贫困农户的收入，实现可持续发展，并探索建立具有中国特色的产业扶贫新机制、新模式，为全国连片特困地区产业发展提供示范和借鉴。

项目实施

该项目旨在应对项目区一系列结构性挑战，以促进农村地区家庭耕作模式的现代化、农业可持续发展，强化农业在促进就业、增收和扶贫等方面的作用与潜力。该项目识别的现代农业发展的瓶颈及其应对措施有以下内容。

1. 技术水平低

项目区以小农户为单位的传统生产方式为主，技术水平落后，农产品质量差、产量低且不稳定，但单个农民无法自己解决技术普及程度低的问题。因此，该项目通过发展合作社，让其在引进和推广新技术方面发挥重要作用，如改良牲畜和作物品种、创新加工和包装手段，从而促进引进新技术、新品种，提高生产效率和生产质量。

2. 分散化和非标准化的生产

该项目支持目标农户自愿组织、加入合作社，由合作社组织相对集中、标准化的生产，以达到明显提高产品质量和产量及稳定性，从而提高农产品的吸引力的目的。

3. 市场对接差

发展订单农业，通过合作社进行共同营销、直接向超市供货、可追踪性系统等，建立和加强农户与市场的连接。因此，该项目加强合作社协调农民的能力和增强相关配套公共服务，如通过食品安全监测保证产品质量、制定认证标准等。

4. 产品附加价值低

只关注增加产能是不够的，因此，该项目支持发展支柱产业，方法是引入外部投资者、进行价值增加投资、产品营销、建立新的组织安排，如农民合作社—农业企业合作协议。

5. 政府、合作社、农户的角色和责任

该项目旨在促进各方深化对各自在商业化农业生产中应发挥的作用、公共产品和私人产品不同特点的理解。

成效

1. 减贫效果明显

世界银行贷款第六期扶贫项目的扶贫效果比较明显，农户特别是贫困农户的生活水平明显提高，发展机会明显增加。到该项目竣工时，累计69.9万人直接从项目活动中获益，其中34.7%的农户是贫困人口。该项目通过支持合作社实现帮贫带贫。在项目合作社中，贫困户成员比例高达70.3%，其中，甘肃省最高（80.5%），其次是四川省（79.3%），最低的是贵州省（65.8%）。2014—2021年，该项目对成员农户的增收贡献率为24.52%。

2. 贫困人口的组织化程度得到提高

该项目有条件提供资金支持当地合作社发展，通过合作社协调农业产业链上、下游关系，将农户组织起来，特别是吸纳贫困户入合作社，通过集体行动组织集体农资采购、产品销售、品牌建设。该项目还特别鼓励贫困户参与投资活动的设计和实施。这些做法都提高了贫困人口的组织化程度，为其今后的自我发展奠定基础。

在项目实施过程中，259 267名妇女直接获益，占全部受益人数的37.1%。妇女的经营机会增加，她们开始更多地参与合作社管理和社区事务。例如，四川省项目区合作社共有各类管理人员（理事长、监事长、合作社财务及其他工作人员）615人，其中妇女105人，占比为17%；贵州省39个运行合作社都有妇女担任理事会或监事会成员。

该项目覆盖206个乡镇、587个行政村，总人口为94.6万人，其中，24.1万人为少数民族人口，主要是甘肃省的回族、东乡族，四川省、贵州省的彝族，以及贵州省和四川省一些地区的苗族。

经验与启示

1. 各级政府高度重视，管理机构健全，部门紧密配合

在该项目的争取、准备、实施过程中，各级政府都给予高度重视，成立省、县两级项目领导小组，对项目的重大决策、人员配备、资金筹措、部门协调等方面发挥强有力的作用，及

时解决影响项目执行的问题，有效调动各方面资源，形成合力，确保项目的成功实施。该项目实施的各个阶段均得到各级发改、财政、扶贫、审计、统计、涉农等部门，科研院所的紧密配合，形成扶贫合力，落实项目配套资金（累计落实 9.055 5 亿元，超过计划 5.3%）、提供技术指导，从而加快项目执行、提高项目质量，对项目的成功起到重要的推动作用。

2. 管理科学规范，项目质量较高

为保证项目顺利实施、实现项目目标，该项目吸收世界银行先进的管理理念、借鉴其科学的管理方法和程序，结合项目区实际，形成一套规范、系统、科学的管理方法，涉及项目的计划、实施、财务、采购、档案等各方面，这些方法使繁杂的项目管理工作有章可循。在项目准备阶段，国务院扶贫办外资项目管理中心组织有关专家编写《项目实施手册》《项目财务管理和会计核算手册》和《项目采购管理手册》，将世界银行项目的要求转化为可操作的标准程序、过程。

在该项目执行过程中，世界银行与中方执行机构密切合作，有计划地对项目开展不同形式的检查和监督（如每半年一次的项目检查团活动），发现问题并及时解决，以及各级检查监督和审计部门的审计监督（如项目年度审计、合作社审计），确保项目实施的质量，推动项目的顺利进行。

该项目结合项目区实际，建立了一套独立的监测评估体系，客观公正地反映项目的实施进度、质量和效益，帮助项目执行机构调整工作计划、改进工作方法，确保项目目标如期实现。

3. 聚焦解决贫困，确保项目的益贫性

在项目启动时，为了确保项目的益贫性，根据合作社的组织情况、服务和贫困户的覆盖情况，将项目支持合作社分为三类，明确规定项目支持和利益分配原则，还对合作社的组建和改建提出具体要求，如合作社议事决策和民主管理、盈利分红等机制制度，贫困户比例等。这些措施有效地保证项目支持向作为项目目标受益者的贫困户倾斜，最大程度确保其能够真正从项目获益，从而确保项目的益贫性。

4. 充分尊重受益社区和受益群体，激发其内生动力

该项目按照"政府主导"和"增强扶贫对象自我发展能力"的扶贫指导思想和基本原则，"充分发挥贫困地区、扶贫对象的主动性和创造性，尊重扶贫对象的主体地位，提高其自我管理水平和发展能力，立足自身实现脱贫致富"，充分尊重项目受益社区和受益群体，引导其在实践中提高自我组织、自我管理、自我发展的能力。

在项目启动之初，各项目县成立技术咨询小组，小组成员包括来自政府、合作社和行业相关企业的代表，为合作社价值链投资的规划和实施提供咨询服务。各项目县还按照工作要求和专业要求，招聘合格的合作社辅导员，为合作社提供技术支持。合作社辅导员按照《项目实施手册》，指导农民专业合作社和村"两委"分批次完成所有合作社的产业发展规划和村级基础设施项目实施规划。

5. 尊重市场机制，以市场为导向

作为一个产业扶贫项目，世界银行贷款第六期扶贫项目强调尊重市场机制，以市场为导向。为增强合作社的市场竞争力，提高农业主导产业的经济效益，拓宽项目区群众就业渠道，实现多渠道提质增效，各省、县项目办与合作社合作，坚持以市场为导向，科学选择项目支持产业，促进产业链延伸，实现产业发展。

6. 高度重视合作社的能力建设

由于带头人是合作社逐步做大、做强、做长远的关键，因

此该项目为合作社管理层提供大量管理能力、治理能力培训。在408个项目下组建（改建）的合作社都开展合作社运行管理培训。一方面，提高合作社的经营管理能力、市场竞争力；另一方面，更重要的是，确保合作社为成员拥有、为成员服务、为成员受益的特质不变。从合作社管理有效性（METT）评分来看，METT基线评估时评分为31.84，METT中期评估时显著提高至60.24，METT末期评估时达到63.28，远超项目目标（40）。

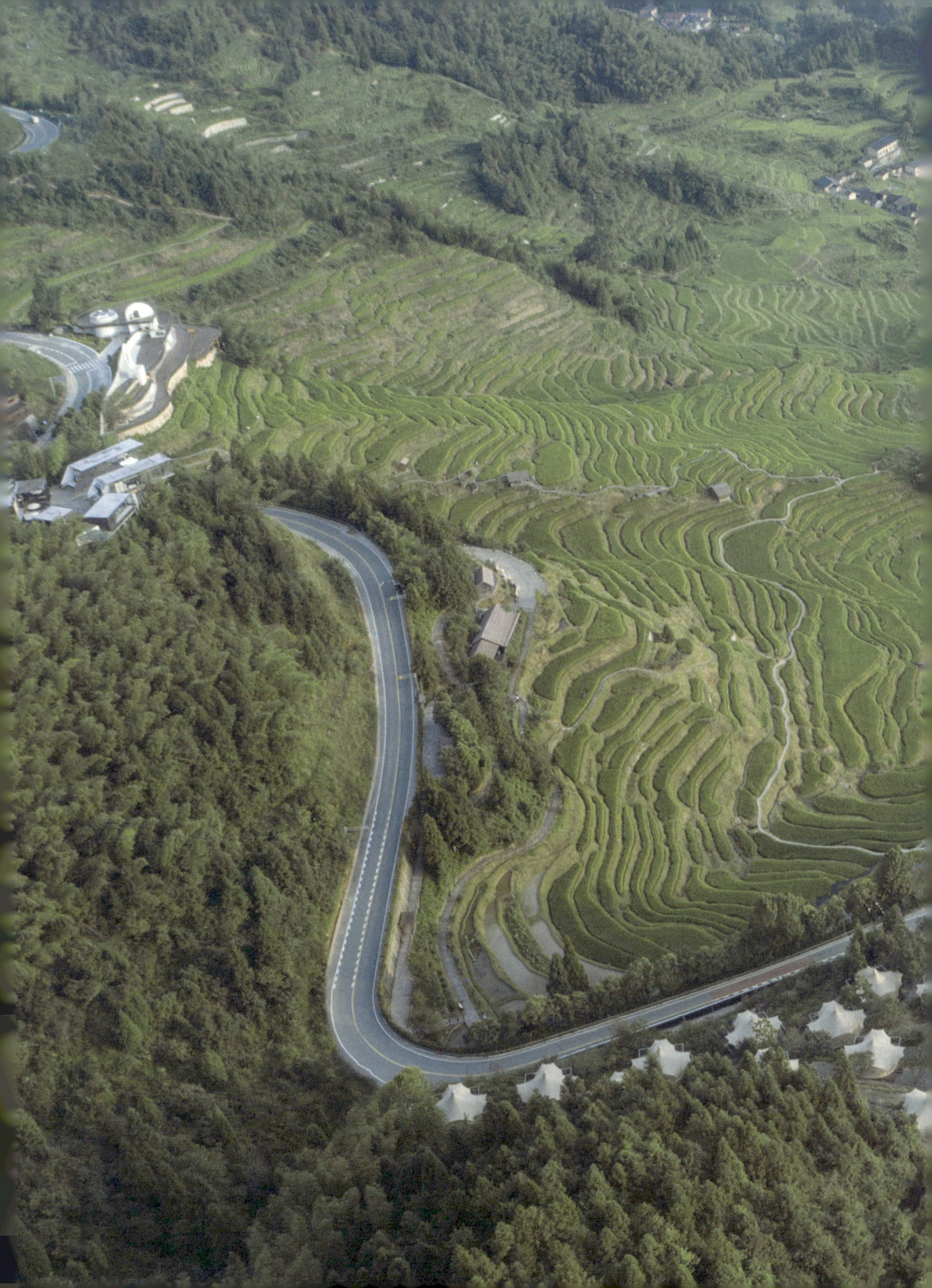

政策支持

完善保障机制，防范因病规模性返贫
——中国医保减贫防贫案例

案例类型：健康帮扶
关 键 词：医疗保障，因病返贫，长效机制
提交机构：中国国家医疗保障局待遇保障司

摘要

2021年以来，中国国家医疗保障局坚决贯彻落实中共中央、国务院关于巩固拓展脱贫攻坚成果同乡村振兴有效衔接决策部署，统筹完善过渡期医保帮扶政策，加快建立健全防范化解因病返贫致贫长效机制。2021年以来，三重保障制度累计惠及农村低收入人口就医15.6亿人次，帮助减少医疗费用负担15 500亿元，守牢不发生因病规模性返贫底线。

背景

脱贫攻坚期间，医保部门坚决落实党中央、国务院决策部署，全面推进医疗保障脱贫攻坚硬任务落实，建成世界上覆盖范围最广的基本医疗保障网，精准帮扶近1000万户因病致贫群众脱贫。进入过渡期，全面落实党中央决策部署，发挥基本医保、大病保险、医疗救助3类制度梯次减负功能，扎实巩固医保脱贫攻坚成果，接续推进助力乡村全面振兴。

成效

1. 优化调整过渡期医保帮扶政策

精准把握过渡期巩固拓展脱贫攻坚成果的工作要求，保持三重制度综合保障机制稳定运行，分阶段、分对象、分类别优化调整帮扶政策，联合印发《关于巩固拓展医疗保障脱贫攻坚成果有效衔接乡村振兴战略的实施意见》，逐步实现集中政策资金支持脱贫攻坚向三重制度常态化保障发展。强化底线思维，狠抓困难群众参保工作，基本实现应保尽保。坚持尽力而为、量力而行，适应发展阶段和基金承受能力，实事求是地确定农村低收入人口待遇水平，持续治理过度保障，确保政策可持续。过渡期农村低收入人口住院费用报销水平较脱贫攻坚期保持平稳。坚持系统集成、协同发力，着力补齐农村医疗卫生服务供给短板，提高农村地区经办服务能力，引导农村居民合理诊疗，支持"互联网+"医疗服务发展，提升服务利用可及性。

2. 巩固低收入人口应保尽保成果

指导各地做好农村低收入人口参保资助工作，将攻坚期全员定额资助脱贫人口参保政策调整为过渡期内对脱贫不稳定人口和因病纳入的防止返贫监测对象给予定额资助，明确稳定脱贫人口退出资助参保。加强医疗救助资助参保与其他渠道资助政策衔接，健全医保与相关部门信息共享机制，定期开展参保核查比对，加强疑似未参保人员和流动人口参保动员，提高参保积极性。上线医保综合帮扶政策落实调度模块，覆盖承担医保扶贫任务的 25 个省份、2000 余个县，按季度监测低收入人口参保和待遇享受情况。2021 年以来，纳入监测的农村低收入人口和脱贫人口参保率均稳定在 99% 以上，累计资助 3.45 亿人次参保，支出资助资金716.1亿元，人均资助水平稳定在当期居民医保个人缴费标准的60%左右。

云南省昆明市寻甸回族彝族自治县医疗保障局工作人员进村开展政策宣传

3. 强化三重制度综合保障

基本医保实施公平普惠保障，脱贫人口和普通参保居民享受同等待遇，职工和居民政策范围内费用报销水平分别稳定在80%、70%左右，居民"高血压、糖尿病"用药保障机制广泛建立。大病保险在普惠性提高保障水平的基础上，倾斜支付、精准聚焦低保对象、特困人员、返贫致贫人口，大病患者报销水平在基本医保基础上平均提高15%。医疗分类分档救助方案日益完善，从对原农村贫困人口统一给予70%比例住院救助调整为根据困难程度、医疗费用负担水平给予分类救助，并统筹住院和门诊救助资金使用，重点向大病慢病患者倾斜。2021年以来，三重保障制度累计惠及农村低收入人口15.6亿人次就

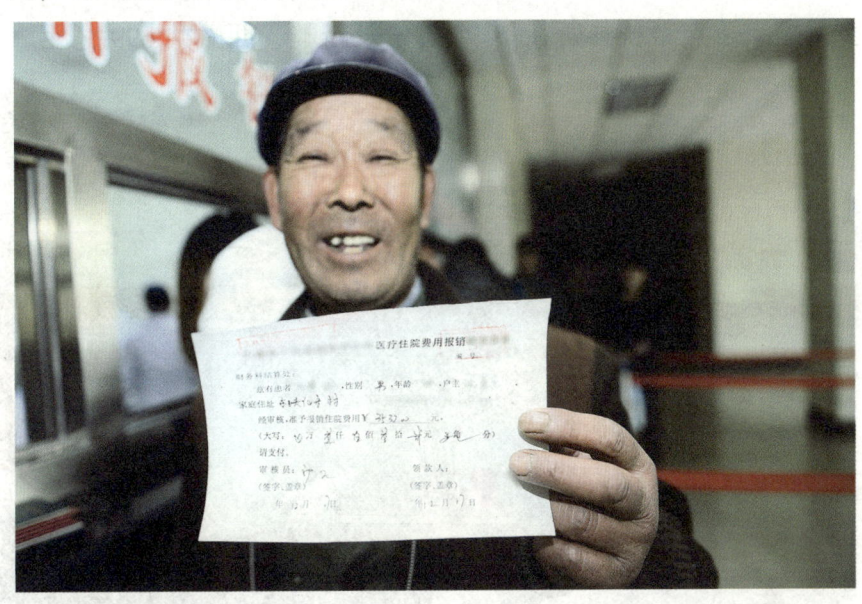

医，帮助减轻医疗费用负担 15 500 亿元。

青海省大通回族土族自治县的困难群众的住院费用报销单上，个人实际费用负担水平较低

4. 建立防止因病返贫致贫长效机制

聚焦风险早发现、早预警、早处置，联合相关部门印发《关于坚决守牢防止规模性返贫底线 健全完善防范化解因病返贫致贫长效机制的通知》，指导各地做好高额医疗费用负担患者监测预警，分类细化监测标准，完善依申请救助机制，及时将符合条件的重点监测人员纳入医疗救助范围，协同实施综合帮扶。2021 年以来，经各地医保部门主动推送，相关部门核查认定，对 145.9 万人及时落实医疗救助。

5. 对国家乡村振兴重点帮扶县持续加大倾斜支持

积极争取中央财政加大医疗救助资金投入，支持各地做好资助困难群众参保和医疗救助工作。中央财政医疗救助补助资金采取因素法分配，在绩效因素中明确增加国家乡村振兴重点

帮扶县。2021—2024 年，中央财政医疗救助补助资金下达国家乡村振兴重点帮扶县所在 10 个省份及新疆、西藏共 699 亿元。

广西梧州市医疗保障局工作人员入户宣传慢性病政策

6. 不断提高医保综合管理服务水平

做好医保目录动态调整和药品及耗材集中带量采购工作，按规定将"互联网+"诊疗服务纳入医保支付范围，合力降低农村低收入人口就医成本。强化医疗服务行为监管，优化异地就医备案，全面推进市（地）统筹区基本医保、大病保险、医疗救助"一站式"结算，统筹提高农村地区医疗保障服务水平。

真实故事

孙永成，正镶白旗明安图镇古日班呼都嘎嘎查牧民，患有恶性肿瘤。2021年，他先后在中国医学科学院肿瘤医院住院9次，花费医疗费用22.88万元，通过基本医疗保险和大病保险报销医疗费用14.99万元，个人支付医疗费用7.89万元。依托正镶白旗医疗保障防范化解因病返贫致贫长效机制，通过防返贫信息监测预警系统抓取孙永成的医疗自付费用超过1万元，将预警信息及时推送至正镶白旗农牧和科技局，经该部门风险评估后将其纳入监测对象，正镶白旗医疗保障局随即在医保系统中对其进行身份标识，给予医疗救助5.6万元，医疗费用实际报销比例达到90%。孙永成所在嘎查村"两委"鉴于他经基本医保、大病保险和医疗救助"三重制度"保障后，个人自付医疗费用2.29万元，个人负担仍较重的实际，积极联系民政、红会等部门，加强与临时救助、慈善救助等的衔接互补，合力防范化解因病致贫返贫风险。其中，民政部门给予临时救助2000元，红十字基金会给予慈善救助3000元，嘎查村通过集体经济扶持6500元。以上措施缓解其家庭经济压力，个人负担部分的医疗费用减少到1.14万元，极大地降低了孙永成因病致贫返贫风险。

破解中小企业融资难题，带动就业、增收
——亚洲开发银行在蒙古国的支持信贷担保体系促进经济多样化和就业项目案例*

案例类型：金融政策
关　键　词：中小企业，信用担保，普惠金融
提交机构：亚洲开发银行

摘要

2015 年，亚洲开发银行（以下简称"亚行"）批准向蒙古国财政部提供 6000 万美元贷款，通过支持蒙古信用担保基金（CGFM）[1] 提供的信用担保，缓解中小企业的融资限制。截至 2022 年，该项目已提供 411 笔部分担保的中小企业贷款。其中，许多贷款发放给女性主导的中小企业和非城市中小企业，支持经济的多元化、韧性和包容性。这些贷款除保障 4069 个现有就业岗位之外，还创造 2333 个新的就业岗位，为蒙古国减贫作出重要贡献。最后，该项目大力支持全球中小企业基金和银行建设必要的能力，以满足未来中小企业的融资需求，同时确保社会和环境保障。

---

* 作者感谢巴亚尔·达瓦道尔吉和比勒贡·额尔德尼巴特出色的研究协助、评论和建议，以及受访者对项目故事的支持。

[1] 蒙古信用担保基金是蒙古国政府于 2012 年成立的国有企业，旨在解决中小企业可融资性不足的问题。

背景

蒙古国面临的一项关键的长期发展挑战是向更加多样化的经济转型，减少对自然资源收入的依赖。2020年，蒙古国的采矿业占国内生产总值（GDP）的23.3%，占出口的92.0%。因此，目前的经济结构使蒙古国容易受到全球经济和商品价格周期波动的影响。

到2020年，蒙古国贫困率为27.8%，在发展农业、旅游、服务业和可再生能源等非矿业部门，实现经济多元化，增强经济韧性，促进创造就业和可持续发展方面具有巨大的潜力。中小企业的发展可以发挥关键作用。蒙古国约90%的注册企业都是中小企业，创造约50%的就业机会。然而，中小企业一直认为，获得信贷是投资和增长的主要障碍。女性参与贷款活动的次数比男性要少。其主要原因是女性拥有的法定（不动产）资产比男性少，而法定（不动产）资产是担保大多数银行贷款所必需的。

项目实施

2015年，亚行批准"支持经济多元化和就业信用担保体系"项目。6000万美元的金融中介贷款通过支持蒙古信用担保基金提供的信贷担保，帮助商业银行更容易向中小企业提供贷款。这反过来又使中小企业以具有竞争力的利率获得更多的长期融资。改善中小企业融资条件有利于创造就业机会，从而为蒙古国减贫作出重要贡献。

由于当地银行缺乏长期融资，无法向企业（包括中小企业）提供较长期贷款，所以它们的资产负债表上就会出现期限错配。此外，中小企业往往缺乏合格的抵押品和信用记录，这是银行向中小企业提供（长期）信贷的另一个障碍。为了解决这个问题，亚行向蒙古国财政部提供的贷款被转移到 CGFM 的子账户，目的是之后将这些资金存入符合条件的银行，最高可达担保百分比的水平，并用于合格中小企业贷款的到期。这些定期存款是长期的（最长 10 年），缓解期限错配，并部分解决缺乏抵押品的问题。因此，当地银行可以向中小企业提供长达 10 年的长期贷款，而中小企业贷款的平均期限为 3 年。中小企业的利率为 10%～12%，被认为具有竞争力。

除促进中小企业优惠贷款之外，该项目还通过建立环境和社会管理系统（ESMS）确保遵循社会、环境保障措施。筛选项目建议，监测正在执行的子项目，包括通过定期的 ESMS 监测报告等。遵循环境保障措施可确保消除可能的不利环境影响，并有助于使经济多样化，避免过度依赖与采矿有关的活动，采矿本身往往对环境产生不利影响。

在亚行的支持下，CGFM 面向蒙古国六大商业银行开展社会保障合规能力建设和意识提升项目，重点促进性别平等的包容性融资。通过贷款预筛选（初步）清单并进行定期监测和报告，在中小企业的运营中解决、执行核心劳动标准和更广泛的社会保护问题。2023 年，在蒙古国的 21 个省组织公众咨询和农村外展项目，向中小企业和个人推广、宣传 CGFM 贷款担保产品和融资机会。

成效

截至 2022 年 12 月 31 日，在亚行项目下，CGFM 为 838 蒙古图格里克提供 411 笔担保，支持 1543 亿蒙古图格里克的总贷款，平均期限为 94 个月，创造 2333 个新工作岗位，平均每份担保提供 5.7 个工作岗位。此外，通过这些贷款，4069 个现有工作岗位得到保障。

根据促进普惠金融和经济多元化的目标，该项目下发放的 CGFM 贷款也惠及女性领导的中小企业和非城市中小企业。截至 2022 年，在亚行项目下发放的所有担保中，近一半提供给女性领导的中小企业。这一点意义重大，因为蒙古国的大部分资产都是以男性的名义注册的。

由于项目经验和有针对性的能力建设，所以 CGFM 将增强中小企业融资、环境和社会保障的能力，为 CGFM 继续有效运作提供良好基础，并在项目周期外为中小企业提供必要的支持。

预计该项目将为蒙古国金融部门带来有关担保计划的专门知识。蒙古国金融部门缺乏创新的金融产品，贷款通常由不动产担保。从 CGFM 到银行和中小企业，所有利益相关者都在积累专业知识。

经验与启示

事实证明，亚行—CGFM 产品是一种创新的解决方案，可以缓解蒙古国中小企业面临的融资限制，其融资担保有助于银行向中小企业提供更好的贷款条件。该项目为建设和加强 CGFM 作为一个组织的能力作出重要贡献，以便在未来和项目生命周期结束后更好地为中小企业提供服务。增加对中小企业的融资带来了大量新的就业机会，从而促进蒙古国的可持续发展和减贫。

然而，挑战仍然存在。调整和简化一些业务流程非常重要，包括贷款申请和贷款审查流程。这些流程有时被认为是冗长和烦琐的。

目前，由于银行业流动性过剩的环境，所以一些银行没有动力向客户推荐亚行—CGFM 产品。这与 CGFM 形成了有效的竞争。及时而有效的对话、结合提高产品意识的活动会对其有所帮助。

其中，一个重要的经验教训是，产品需要随着市场条件的变化发展。例如，政府采取流动性等非市场干预措施及其他相关措施，导致该项目产品的竞争力下降。因此，CGFM 同银行和中小企业之间经常性的前期沟通能有效应对市场条件调整后带来的问题。

真实故事

阿里恩德尔格（Ariundelger）出生在阿尔汉盖省的 Tsetserleg。1994 年，她从大学毕业并开始在学校教书。2006—2013 年，她在中国生活和工作，推出了自己的服装品牌。为了创建一个蒙古国品牌，她于 2016 年成立了 Setsen 时装有限公司。该公司的理念是"让我们共同创造文化壁炉的新时代"，其目标是在全球范围内推广蒙古国的文化遗产。特别是，他们提供传统民族服装、豪华珠宝和豪华遗产，旨在进行一种独一无二的、有价值的蒙古国服装设计。

由于该公司最初是在一幢租借的大楼里运营，没有自己的生产设施，所以阿里恩德尔格向 11 家银行寻求贷款购买房产，但由于缺乏抵押品，所以无法扩大公司规模。

2020 年 8 月，她成功申请蒙古国贸易开发银行的项目贷款，并得到亚行项目的支持。因此，Setsen 时装有限公司得以增加业务活动，并创造 7 个新的就业岗位。该公司扩大业务，开设自己的"Pride"商店，并向北京、呼和浩特的合作商店供应产品。

"活体畜禽"变"数字资产",为阿克苏地区畜牧业注入新活力
——中国人民银行阿克苏地区金融服务助力乡村振兴典型案例

案例类型:金融帮扶
关 键 词:融资,畜牧业,产业减贫
提交机构:中国人民银行阿克苏地区中心支行

摘要

中国人民银行阿克苏地区金融服务项目是采用畜牧"活体抵押+贷款贴息+保费补贴"的融资模式进行金融帮扶的案例。为解决畜牧业抵押物不足、盘活生物资源及畜牧业经营主体"贷款难"等问题,打破"家财万贯,带毛的不算"的惯性思维,中国人民银行阿克苏地区中心支行围绕金融支持畜牧业高质量发展开展调研,引导金融机构创新金融服务,推动建立数字化服务平台,利用大数据解决活体畜禽融资难题,为地区畜牧业高质量发展贡献金融力量。该项目探索建立"活体抵押+贷款贴息+保费补贴"的融资模式,保险公司为拟抵押的母畜办理保险,承贷金融银行按保险总额的100%给予养殖户贷款授信,政府对规模以上养殖小区(合作社)给予50%的贷款利息补贴和保险保费补贴。

背景

阿克苏地区辖9个县（市），草地主要分布于阿克苏北部天山南坡、山前地带及塔里木河流域。畜牧业为该地区传统行业之一，牧业人口约占地区总人口的5%。长期以来，当地民众在耕作之余有饲牛养羊的传统和习惯，并积累了丰富的养殖经验，初步形成柯坪羊肉、西域都护牛肉、新和鸽、拜城油鸡等有地方特色的畜牧业，在保障地区食物安全、繁荣农村经济、促进农牧民增收、助力乡村振兴等方面发挥了重要作用。

项目实施

为解决畜牧业抵押物不足、盘活生物资源及畜牧业经营主体"贷款难"等问题，打破"家财万贯，带毛的不算"的惯性思维，中国人民银行阿克苏地区中心支行围绕金融支持畜牧业高质量发展开展调研，根据辖区实际情况制定政策，引导金融机构创新金融服务，推动建立数字化服务平台，利用大数据解决活体畜禽融资难题，为地区畜牧业高质量发展贡献金融力量。

1. 加强政策引导支持，明确责任，完善机制

中国人民银行阿克苏地区中心支行深入各县（市）政府、金融机构、专业合作社等开展调研，召开辖区"金融支持畜牧业高质量发展工作推进会"，为金融助力地区畜牧业高质量发展提供制度保障。中国农业银行阿拉尔兵团分行、中国建设银行阿克苏地区分行、沙雅农村商业银行、乌什农村商业银行等机构已结合本行信贷制度，一行一策出台《畜禽活体抵押贷款管理办法》，为规范贷款业务操作、提高服务效率、科学防范风险、实现"活体畜禽抵押"业务稳健发展提供操作指南。

2. 建立数字化服务平台,科学管理,提质增效

坚持问题导向,聚焦生物资产作为抵押物"难以计数、难以监控、难以准确估值"问题,引入科技公司推动地区建立活体禽畜抵押登记监管平台,实现畜牧数据互联互通、资源共建共享、业务协作协同。该平台是运用物联网信息采集、大数据分析等信息技术,通过佩戴电子耳标、定位项圈等物联网设备,综合形成集畜禽生产、登记、流动、出栏、预警于一体的信息化服务平台。通过动态采集活体畜禽位置、运动量、生命体征等信息,为养殖场户提供养殖场信息化运营、出栏信息发布等数字化服务,助力实现饲养牲畜规模化、智能化,用科技和创新助力畜牧业智慧养殖,助推乡村振兴。该平台的建立有助于规范活体畜禽抵押贷款业务,着力解决贷后活体畜禽监管问题,提高各方参与的积极性。

3. 利用大数据解决活体畜禽融资难题

阿克苏地区活体禽畜抵押登记监管平台技术服务项目由新疆数字乡村科技有限公司负责实施。该项目坚持"政府建设、政企合营、金融参与、服务养殖"的建设原则,以强融资、补短板、聚产业为战略目标,以畜禽场活体畜禽作为抵押物,以活体畜禽的保险价值确定贷款金额,以畜禽生长情况、出栏时间、风险状况等确定贷款期限,通过佩戴智能设备(如电子项圈等)的方式,将智能设备采集的活体畜禽位置、运动量、生命体征等数据上传至集畜禽生产、登记、流动、出栏、预警于一体的活体禽畜抵押登记监管平台,使政府、金融机构、合作社、农牧民全面掌握活体禽畜活动、流动、出栏等情况。

截至目前,阿克苏地区活体禽畜抵押登记监管平台技术服务项目已在地区6个县2个市(阿克苏市、库车市、乌什县、温宿县、阿瓦提县、新和县、沙雅县、拜城县)落地实施,新

疆数字乡村科技有限公司项目团队配合阿克苏当地金融机构帮助多家合作社及农牧民通过活体畜禽抵押贷款方式获得贷款，有效解决合作社或农牧民融资难、融资贵及金融机构放贷时在所有权确认、健康状况监测、市场价格估算和畜禽位移监管上存在的难点和瓶颈。

金融机构工作人员调研牛的养殖情况

成效

1. 创新融资模式，降低活体抵押风险

探索建立"活体抵押+贷款贴息+保费补贴"的融资模式。

该模式由当地县（市）农业农村局提供养殖户的经营、畜禽存栏、享受补贴等信息，并向承贷金融机构出具活体抵押函，保证贷款期内不得对抵押的母畜办理流转、屠宰等手续。保险公司为拟抵押的母畜办理保险，承贷金融银行按保险总额的100%给予养殖户贷款授信，政府对规模以上养殖小区（合作社）给予50%的贷款利息补贴和保险保费补贴。同时，依托中国人民银行动产融资平台登记、保险公司承保、县乡畜牧管理部门负责对养殖小区（合作社）牲畜身份确权和健康存栏状况实行监管，切实降低活体抵押风险。

2. 畅通信息"共享流"，提高社会化服务效率

将银行、保险公司、社会化服务机构、屠宰加工企业等产业链关联主体接入阿克苏地区活体禽畜抵押登记监管平台，相关主体既要录入各自的业务信息，又可根据权限共享系统数据，打破信息孤岛，实现相关板块之间业务信息资源的共享和整合，进一步提高社会化服务的效率与质量，如银行业金融机构通过该平台发放贷款4笔，共190万元。

3. 实时掌握经营情况，运营管理效率显著提高

阿克苏地区活体禽畜抵押登记监管平台的应用为合作社、农牧民提供数据，有效提高了效率。合作社、农牧民可通过该平台实时了解生产经营情况，掌握关键指标的同期水平及计划完成情况，监测各项指标走势，根据平台的预警提示及时采取相应措施，进行调整。

经验与启示

（1）政府部门先期推动是加快活体畜禽数字化发展的基础。阿克苏地区政府运用有形之手，一揽子解决活体畜禽抵

押业务的"短板"问题，不断夯实地区畜牧业发展基础，破解畜牧业发展中的难题，为地区畜牧业数字化发展提供良好的环境。

（2）建立健全畜牧业产业发展机制是活体畜禽数字化业务发展的前提。在阿克苏地区活体禽畜抵押登记监管平台落地前，地方政府相关部门深入调研、反复论证，印发《阿克苏地区活体畜禽抵押贷款管理办法（试行）》《关于加强金融服务支持畜牧业高质量发展的指导意见》，为开展活体畜禽数字化业务奠定坚实的制度基础。

（3）分散活体畜禽抵押贷款风险是活体畜禽数字化业务发展的保障。创新适合畜禽品种的政策性保险，增强畜牧业抵御市场风险、疫病风险和自然灾害的能力。加强金融机构与保险公司之间的合作，以规模化、标准化养殖场为切入点，创新"活体保险+活体抵押+银行信贷"合作模式，从防范信贷风险、破解融资难题的实际出发，"量身定做"保险品种，为活体畜禽数字化业务发展提供有力保障。

───── 真实故事 ─────

麦尔旦·麦麦提自主经营一家养殖公司，养殖牛76头、羊190余只。随着养殖规模的扩大，养殖户的自有资金已不足以支撑其养殖事业的发展。中国农业银行阿克苏地区分行客户经理克服诸多困难，邀请新疆数字乡村科技有限公司到温宿县佳木镇养殖户麦尔旦·麦麦提的养殖场所安装项圈、监控设施，依靠金融科技手段对活体牲畜进行监控，在解决监管难题的同时提高养殖智能化水平，成功于2022年12月23日向麦尔旦·麦麦提投放阿克苏地区中国农业银行首笔"新牧通"活畜抵押贷款,金额50万元、期限3年。

创新产业联合体模式，助力巩固拓展脱贫攻坚成果
——中国农业发展银行支持标准化肉羊养殖产业扶贫实践

案例类型：金融政策
关 键 词：产业联合体，伙伴关系，肉羊养殖
提交机构：中国农业发展银行甘肃省分行

摘要

为助力甘肃省环县巩固拓展脱贫攻坚成果，中国农业发展银行甘肃省分行因地制宜、守正创新，采用"统贷共管"方式，创新"国有企业+龙头企业+合作社+村集体+贫困户"产业联合体模式，支持环县湖羊标准化扶贫示范合作社建设。该模式通过构建区域特色农产品标准化、规模化、现代化生产体系，有效解决单个农户及合作社融资难、对接市场能力弱、生产经营效率低的问题。该项目的顺利实施助力环县经济社会发展，促进该县羊只出栏量位居甘肃省第一，跃升为全国北方湖羊养殖第一县，成为西北规模最大和全国最具特色的湖羊北移繁育基地，直接带动上、下游脱贫户6211户，帮助429名群众就近就业，辐射带动养羊专业户达1.5万户。

背景

甘肃省环县地处陇东黄土高原边沿沟壑区，全县辖20个乡镇、251个行政村，总面积9236平方千米，2014年年初贫困村215个、贫困人口33 520户140 060人，贫困发生率为39.8%。2018年年底，未脱贫人口84 972人，环县是甘肃省58个集中连片特困县之一，贫困发生率居全省县区第三。

近年来，虽然环县政府坚持把发展肉羊产业作为带动农民增收的主渠道，但是在产业发展过程中地方党政、龙头企业、政策金融、农户结合度还不够，"小、散、弱"的传统养殖模式并未得到有效改善。

项目实施

1. 项目实施内容

甘肃省环县标准化肉羊养殖扶贫示范合作社建设项目分布在环县毛井镇等 20 个乡镇、139 个行政村,其中 117 个为省级深度贫困村。根据甘肃环县标准化肉羊养殖扶贫示范合作社建设项目实施方案,以环县政府为主导,国有企业环县羊羔肉产业发展集团有限公司(以下简称"羊羔肉公司")组织实施,龙头企业甘肃中盛农牧集团有限公司参与带动,总投资 3.83 亿元,其中中国农业发展银行庆阳市分行融资 2.9 亿元,已投放贷款 2.85 亿元,建成合作社 124 家,购进基础母羊 5.9 万只。

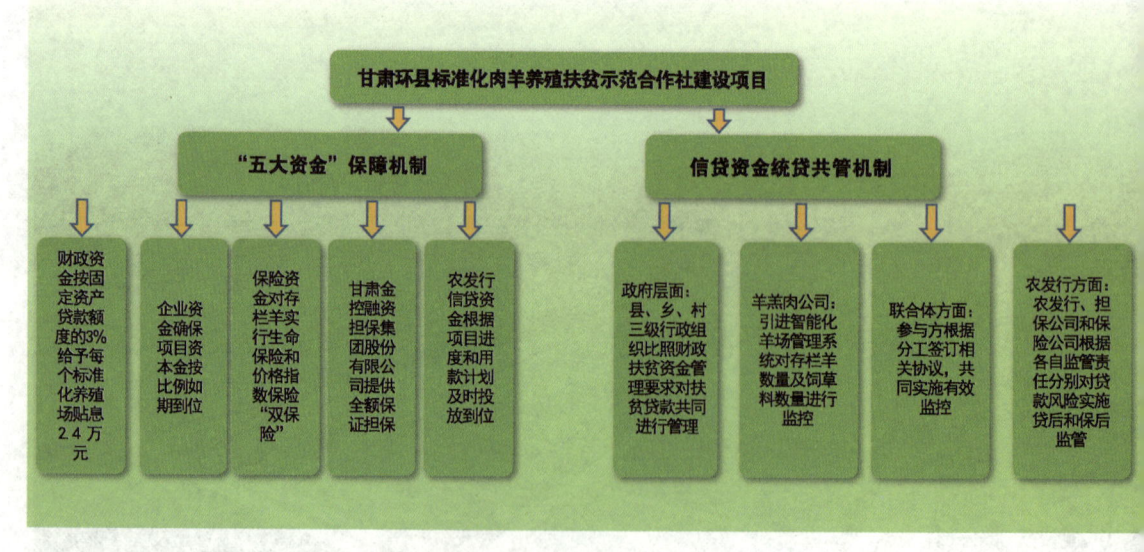

```
甘肃环县标准化肉羊养殖扶贫示范合作社建设项目
├── "五大资金"保障机制
│   ├── 财政资金按固定资产贷款额度的3%给予每个标准化养殖场贴息2.4万元
│   ├── 企业资金确保项目资本金按比例如期到位
│   ├── 保险资金对存栏羊实行生命保险和价格指数保险"双保险"
│   ├── 甘肃金控融资担保集团股份有限公司提供全额保证担保
│   └── 农发行信贷资金根据项目进度和用款计划及时投放到位
└── 信贷资金统贷共管机制
    ├── 政府层面:县、乡、村三级行政组织比照财政扶贫资金管理要求对扶贫贷款共同进行管理
    ├── 羊羔肉公司:引进智能化羊场管理系统对存栏羊数量及饲草料数量进行监控
    ├── 联合体方面:参与方根据分工签订相关协议,共同实施有效监控
    └── 农发行方面:农发行、担保公司和保险公司根据各自监管责任分别对贷款风险实施贷后和保后监管
```

项目"五大资金"保障机制和信贷资金统贷共管机制

2. 项目运行模式

(1)在项目运作上,建立协同配合平行作业机制。通过政府主导,建办 100 个 100 万元羊舍、34 个 200 万元羊舍、6 个

300万元羊舍、1个400万元羊舍、1个1000万元羊舍,投入项目资金用于合作社羊圈等基础设施建设。由羊羔肉公司负责筹措项目资金,购置基础繁殖母羊和饲草料,由龙头企业中盛公司以每个合作社50只羊(价值10万元)入股,按照政府建圈舍、购羊只、企业出技术、包运营的原则,负责项目日常运营管理,并提供统一的销售渠道,确保项目顺利运行;再由专业合作社充分发挥组织和带贫功能,以村集体农用地入股,并负责肉羊的规模养殖和繁育,通过销售肉羊获得的净利润实现贫困户分红。

(2)在资金使用上,建立全流程封闭管控机制。由羊羔肉公司统一筹措资金并进行种料采购,龙头企业将种料分配到各合作社进行扩繁或规模养殖;育肥后向龙头企业屠宰场销售肉羊,龙头企业将肉羊销售款支付给羊羔肉公司;羊羔肉公司按照分红比例将资金划转至合作社,由合作社向贫困户分红,剩余资金用于归还银行贷款本息。从贷款发放、种料采购、种料培育到产品销售、分红全流程实行封闭运行管理,保证扶贫项目资金真扶贫、扶真贫。

3. 风险控制措施

(1)建立"五大资金"保障机制。一是财政资金按固定资产贷款额度的3%给予每个标准化养殖场贴息2.4万元。二是企业资金确保项目资本金按比例如期到位。三是保险资金对存栏羊实行"双保险",政府财政补贴80%~90%保费,保险公司对存栏羊进行生命保险和价格指数保险。四是由国有担保公司提供全额保证担保,发生风险后担保资金及时按照担保责任落实到位。五是中国农业发展银行信贷资金根据项目进度和用款计划及时投放到位。

(2)建立信贷资金统贷共管机制。一是在政府层面,由县、乡、村三级行政组织比照财政扶贫资金管理要求，对扶贫贷款共同进行管理。政府牵头制定《环县标准化肉羊养殖扶贫示范合作社建设项目共管办法》，建立技术管控、制度管控和保险保障的多重监管保障机制。二是大数据支撑提高农业产业管理水平。引进智能化羊场管理系统，对存栏羊数量及饲草料数量进行监控；项目共管方均可随时通过计算机、手机查阅实时数据，运用现代化手段提高农业企业管理水平。三是在产业联合体内，各参与方根据分工签订相关协议，建立贷款资金支付台账、存栏羊台账、饲草料台账，共同实施有效监控。四是在金融机构之间，中国农业发展银行、担保公司和保险公司根据各自在贷款安全中的监管责任，分别对贷款风险实施贷后和保后监管。

2021年，环县羊羔肉被列入"国家队运动员备战保障产品"新闻发布会在北京举行

成效

1. 助力革命老区完成脱贫攻坚历史使命

中国农业发展银行先后向环县投放支持肉羊产业发展贷款

3.52亿元，直接带动肉羊产业上、下游建档立卡户6211户，以入股方式带动村集体263个，累计分红6388.04万元，带动大学生318名参与产业发展，帮助当地429名群众就近就业，辐射带动全县养羊专业户达到1.5万户。2022年以来，羊草产业产值突破55亿元，农民人均来自羊草产业的收入达到7000元。通过创新该模式推动产业发展，作为深度贫困县的环县提前一年实现脱贫摘帽。

2. 助力肉羊传统产业实现转型提档升级

加快肉羊产业从基础的"舍饲养殖型"向高端的"标准规模型"发展，推动环县走出了"引育繁推一体化、种养加销一条龙"的全产业链、全价值链、全循环链高质量发展的新路子。2022年，环县羊只饲养量达360万只，出栏190万只，位居甘肃省第一，成为西北规模最大和全国最具特色的湖羊北移繁育基地，先后吸引北京京东世纪贸易有限公司、阿里云计算有限公司等13家知名企业考察，并与新疆喀什地区达成"百人万羊"进疆协议。

3. 助力三产融合发展，打造中国羊谷标签

根据环县政府着力打造"中国羊谷·善美环州"的地域标签，当地中国农业发展银行顺势而为，继续发力累计发放6.06亿元贷款支持当地三产融合发展。其中，向甘肃中盛农牧集团有限公司投放1.88亿元作为"链主"开发全产业链，产值达到14亿元以上；向庆阳伟赫乳制品有限公司投放3亿元，帮助建成18万吨乳制品加工厂及养殖场，产品被列为国货出海优选品牌；向环县嘉隆文化旅游产业发展集团有限公司投放1.18亿元，助力打造中国羊肉养生城，累计接待游客112万人，实现收入超过1.9亿元。2021年，国家体育总局训练局与环县人民

政府在北京签订备战保障产品供应协议，环县羊羔肉被端上了国家队运动员的餐桌；2022年，环县中盛羊业发展有限公司成为成都第31届世界大学生运动会和杭州第19届亚洲运动会供应商，环县羊羔肉借助中国体育事业的蓬勃发展，从黄土高原走到天府之国和钱塘江畔。

经验与启示

发展产业没有退路，实现脱贫刻不容缓，助力革命老区产业扶贫必须走创新之路，主要经验与启示是必须做到五个坚持不动摇。一是坚持政府主导、市场化运作不动摇。充分发挥农业政策性金融功能，依靠地方"脱贫攻坚"及"乡村振兴"战略规划，严守政策和银行业务边界，按市场经济规律办事，按银行制度运作。二是坚持"五大资金"支撑保障不动摇。建立财政扶贫资金、企业资金、融资担保资金、农业保险资金、农发行信贷资金"五大资金"保障体系，形成支农合力。三是坚持各方协同共管机制不动摇。建立县、乡政府行政管理，村集体参与，各部门发挥职责的共管机制，具体资金参与方通过签订资金监管协议形成管控制度，贫困户与合作社通过帮扶协议落实产业扶贫主体责任，明确各方权责，实现全产业链资金的有效管控和安全运行。四是坚持聚焦脱贫攻坚，服务乡村振兴方向不动摇。创新服务围绕产业做特色、围绕客户做产品、围绕现金流定项目，使政策性金融资金切实发挥保障贫困户利益的作用。五是坚持创建依法合规、风险可控的信贷模式不动摇。依照风险可控的要求，积极探索支持地方产业发展信贷模式，确保中国农业发展银行信贷资金为脱贫攻坚精准"输血"。

真实故事

在环县，提起养羊，不得不说曲子镇西沟村。刘小兵是西沟村党支部书记兼村民委员会主任。面对群众致富没有主导产业的现状，他紧密结合环县发展肉羊产业的政策，坚持以党建为引领，带领村"两委"班子，开始"村社合一、草羊一体、生态循环、整村推进"产业扶贫的成功实践。建办7家养殖专业合作社、1个草产业合作社和1个全日粮饲料加工专业合作社。动员全村675户农户全部加入草产业合作社，养殖户全部按就近原则加入养殖专业合作社，建办村级联合社。截至目前，在家农户400户，养羊户351户，占在家农户的比例为87.75%，全市排名第一；全村羊只饲养量6.5万只（存栏3.1万只、出栏3.4万只）。2022年年底，全村农民人均可支配收入超2万元，较2019年年底增加9692元，其中来自羊草产业的收入达到16 840元，占人均可支配收入的84%，全县排名第一。西沟村实现了"众口一词念羊经，一心一意兴羊业，千家万户发羊财"的美好愿景。

中国人寿"乡村振兴保"项目
——中国人寿保险股份有限公司福建省分公司帮扶案例

案例类型：金融政策
关　键　词：数字金融，保险减贫，普惠保险
提交机构：中国人寿保险股份有限公司福建省分公司

摘要

为积极响应乡村振兴政策，巩固扶贫成果，扩大普惠保险覆盖面，减少因大病或意外致贫、返贫，中国人寿保险股份有限公司福建省分公司创新推出"乡村振兴保"项目。该项目按照"线上销售、线下服务、区域经营、网格驻点"总体思路，通过完善普惠保险产品线、搭建线上服务平台、提供安心理赔服务、组建驻村服务专员、数字化科技赋能等举措，使更多乡村群众，特别是低收入人口、计生家庭、老年人、妇女、儿童（学生）等特殊人群享受到更实惠、更便捷、更有温度的普惠保险服务。该项目推出两年来，累计服务群众已超千万人次，为20多万名群众提供理赔服务，较好发挥经济"减震器"和社会"稳定器"的作用。

背景

近年来，因大病或意外致贫、返贫的新闻时有报道，令人揪心，对巩固扶贫成果产生影响。而传统模式受限于服务区域覆盖面、产品保障适用性等问题，存有一定局限性。如何切实提高广大乡村保险市场的深度、密度，为更广泛的群众提供有效的保险保障，助力乡村振兴，巩固扶贫成果，成为一个摆在我们面前必须解决的问题。

项目实施

简单来说，"乡村振兴保"项目就是为每一个乡镇街道、村社片区都配备驻村服务专员，联络保险服务志愿者，并开通专属的线上保险小店，投放丰富实用的普惠保险产品服务，让线上、线下融合的金融保险服务深入农村，福泽人民群众。

1. 创新产品，推出让一批百姓买得起、用得上的惠民保险产品

根据广大农村市场需求，项目特别推出涵盖老人、小孩、妇女等特定人群，以及城乡居民医保补充、计生家庭、农村私人建房等特定场景的各类惠民保险产品，丰富普惠保险产品库，扩充普惠金融保险服务。例如，优化小额意外伤害保险产品组合——惠民保，作为城乡居民医保的补充，群众仅需缴纳二三十元保费，就可以获得数万元意外伤害赔偿及几千元医疗费用补偿、住院日津贴等保障，且承担驾、乘摩托车时意外伤害责任，特别适合广大农村市场。另外，针对女性乳腺等部位重疾，推出关爱女性健康保险方案康馨保，每年仅需缴纳一二百元保费，就可以为适龄女性提供最高 10 万元补偿。同时，为超过

15万名相关人员赠送新冠保险，累计提供约 90 亿元的风险保障，体现中央企业的责任担当。

2. 配套相关服务制度，为群众提供在身边、有温度的服务

（1）建立驻村服务制度。驻村服务人员包干片区、落地服务，当群众有需要时，如老年人对手机操作不习惯、客户理赔需要支持等，驻村服务人员可以现场提供帮助，这种百姓身边有温度的服务深受欢迎。

驻村服务人员现场协助客户办理理赔申请业务

（2）建立协同服务机制。长期以来，公司保持与扶贫办、卫健委、民政厅、医保局、妇联、计生协等部门良好的合作关系，除固定召开联络会、设计推广方案之外，相关合作人员作为保险服务志愿者，也和公司服务专员共同组织形式多样的保险服务活动，如下乡入户等，共同推广面向特定人群的普惠保险等。例如，公司和妇联共同推广面向适龄女性的特定部位重疾保险，双方每年会联合邀请知名医学专家，在全省各县市安排数十场女性健康讲座和义诊，同时不定期联合下乡宣传女性

健康保险，推荐群众选购。保险服务志愿者联合服务机制，扩大和强化了保险功效的影响力，让普惠保险宣传推广更有成效。

3. 搭建线上服务平台，提升容易用、马上好的客户体验

公司整合各方优势资源，创新开发上线强大的线上保险平台——乡村振兴保。通过该平台，服务人员3分钟就可以设计完成定制化的线上保险小店，上架各种适用的标准普惠保险产品及服务，并可将保险小店二维码投放至所负责的行政片区。群众有需求时，只需要扫描对应行政片区的保险小店二维码，按照界面引导提示，简单几步操作就可以在线完成投保，实时拿到电子保单，获得保险保障。无论是投保的便捷性还是时效性，较以往线下模式有了极大提升。如果群众有进一步沟通需求，就可以通过平台直接联系公司的服务专员进行一对一交流咨询，体验良好。

4. 提供多种理赔方式，提供安心赔、快到账的客户体验

公司提供包括App、小程序、客服电话等多种报案方式，群众可以根据需要任选一种方式自助报案并上传理赔资料申请理赔。如果他们对操作有疑惑，就可以联系身边的服务专员，由其协助完成报案和理赔材料整理。

同时，公司持续优化理赔流程，推进与第三方科技公司合作，积极探索"产品+服务+科技"模式，利用医保数据在全省范围全面开展理赔直付，目前已经可以实现责任清楚、资料完整的1万元以内小额赔付24小时内到账。

5. 依托科技赋能数字化转型，为发展提供讲实效、有智慧的决策支持

强大的线上服务平台给群众提供良好的使用体验。多样式、多维度、高时效的分析图表及表报让公司的经营管理更加得心

应手，而更深层次的大数据挖掘及用户反馈数据分析完善乡村振兴助力度、保险深度、保险密度、业务质量、队伍质态等丰富的指标体系，并支持省、市、县、乡镇街道、村社区逐级下钻、挂图作战，可以更好地结合市场需求持续优化产品，提升客户体验及调整服务策略，优化产品支持，改善服务配套，在巩固扶贫成果、助力乡村振兴上更加精准、高效。

成效

1. 推广普惠保险，健全保障体系

2022 年，公司依托该项目年内承保 721 万人次，提供风险保额 1.29 万亿元，赔付 9.64 万人次，赔付金额 2.39 亿元。

该项目重点为低收入人口、计生家庭、老年人、妇女、儿童（学生）、大学选调生、村干部等特定人群提供保障，保障范围涵盖身故、残疾、疾病、医疗费用支出等许多风险领域，构筑起农村发展的风险屏障，减少因大病或意外致贫、返贫情况发生，较好发挥经济"减震器"和社会"稳定器"的作用。

2. 创新多样化服务模式，提升群众服务体验

公司配套建立起一支千人以上的驻村服务专员队伍，真正做到群众有需求、公司能及时响应服务，让群众有获得感、安心感。公司还在全省 989 个乡镇街道级片区开通万个线上乡村振兴服务站（国寿保险小店），线上服务覆盖率达 87.91%，累计线上服务群众 151.8 万人次，服务群众的便捷性进一步提升，普惠保险受益面进一步扩大。

3. 受到广泛认可，赢得多项荣誉

该项目得到各级政府部门、社会组织及国寿总公司的高度认可，赢得多项荣誉并被推广。项目所获荣誉包括但不限于在

2021年银行业保险业助力乡村振兴视频培训班上做经验分享、中国人寿保险股份有限公司（总公司级）2021年创新奖一等奖、2021年福建省普惠和绿色金融试点创新重点成果、入选2022年福建省普惠和绿色金融试点创新成果复制推广名单、2022年度"科创中国"中国数字普惠金融创新成果数字普惠金融服务乡村振兴奖等。

经验与启示

1. 结合群众需求推广普惠保险

普惠保险作为减少因大病或意外致贫、返贫的有效手段之一，具有极大的社会效益和市场需求，但在实际推广过程中遇到不少困难。要解决此问题，可以从三个方面入手。一是要根据广大农村市场特点，设计出责任适用、价格优惠的产品，让群众买得起、用得上。二是要想办法接触广大基层群众，逐步建立信任感，做好普惠保险宣传服务工作，建立驻村服务制度，以更好满足群众需求。三是要提供良好的理赔服务，在群众有需要时可以迅速提供帮助，让他们切实感受到普惠保险的作用，进而促进普惠保险推广。

2. 分人群开展线上、线下保险业务

相对来说，年轻群体文化水平更高，动手能力更强，更偏向于线上模式，自己看条款、选产品、下单买保险、下载电子保单、打印电子发票等。因此，保险机构一定要建立起能提供完整服务目录的线上平台，让这类群体可以随时随地地进行各类普惠保险业务操作。年长群体或者部分操作不便人群受限于各种原因，更偏向于传统线下模式。无论是对条款的理解，还是投保操作及理赔资料整理等，他们都希望可以有人在身边手

把手帮助。因此，保险机构一定要建立起驻村服务专员队伍，提供有温度的服务，确保服务人群全覆盖。

3. 借助大数据技术提高保险覆盖率

普惠保险由于服务覆盖范围广，而且多为经济欠发达地区，交通不便，所以推广及管理成本较高，而普惠保险本身又是低保费、高性价比、利润率很低，所以要对极为有限的成本进行有效的管理，数字化转型、科技赋能尤为关键。一是可以通过建立完善的电子化服务平台，推广电子化服务，提高时效，降低各类成本（如优化人工成本、减少打印各类纸质单证成本等）。二是要用好大数据，特别是结合各类资源数据，建立起多级行政架构的地图指挥系统，对普惠保险服务的深度、广度、密度等指标进行及时分析，及时调整策略，补齐短板，有效提高普惠保险覆盖率。

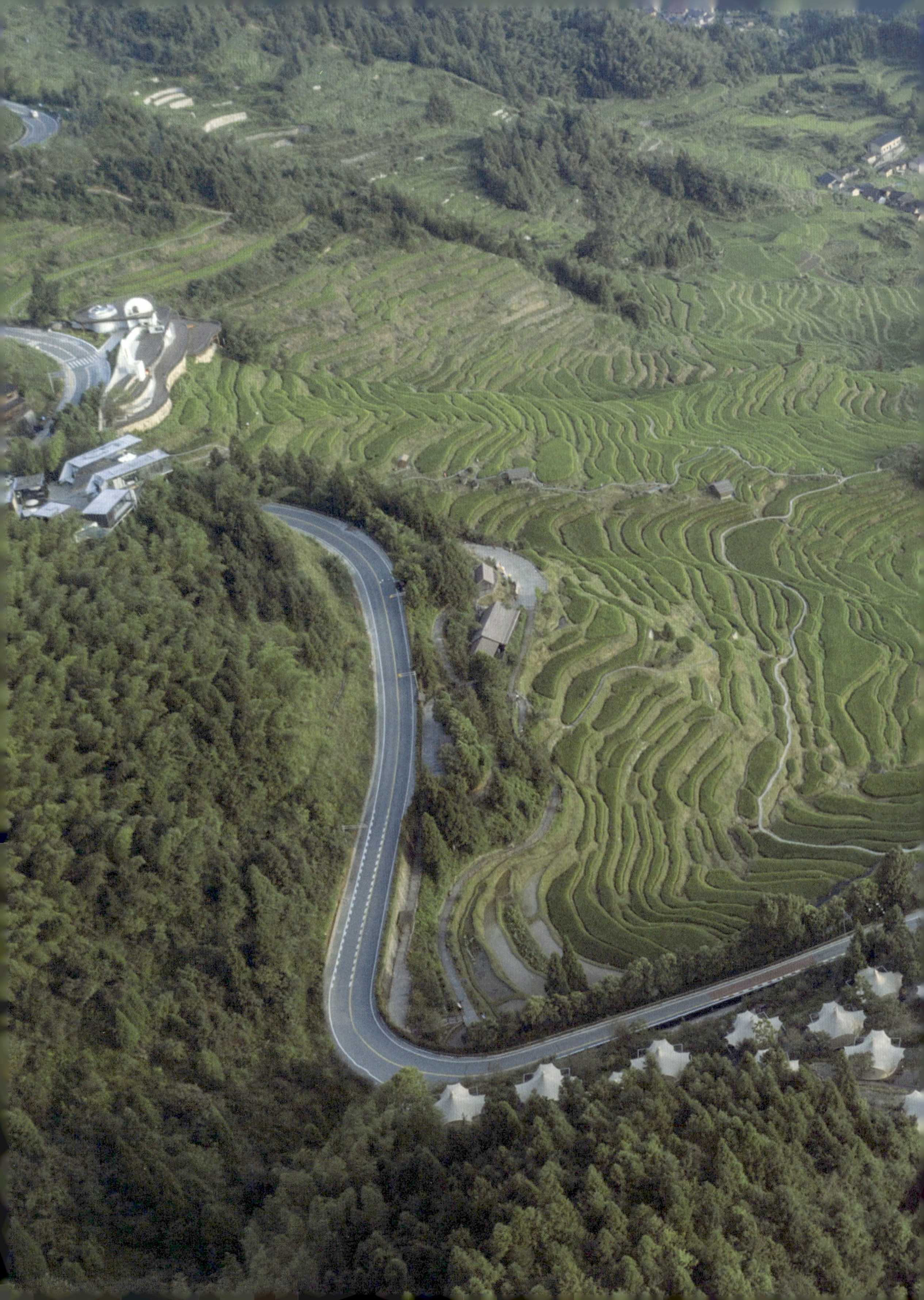

可持续发展

全过程支持桑蚕产业价值链,助力蚕农可持续增收致富
——河池市宜州区执行世界银行贷款广西贫困片区农村扶贫试点示范项目案例

案例类型: 产业减贫

关 键 词: 基层供销社+村集体股份合作社+农民专业合作社,"三社"融合,价值链,桑蚕产业

提交机构: 广西壮族自治区乡村振兴外资项目发展中心

摘要

广西壮族自治区乡村振兴外资项目发展中心在执行世界银行贷款广西贫困片区农村扶贫试点示范项目(以下简称"世行片区项目")中,全过程支持河池市宜州区桑蚕产业价值链。该项目资金支持种桑养蚕农民专业合作社和以粉碎桑杆为基料的食用菌农民专业合作社、缫丝和绸布加工企业、利用桑杆提取生物碱企业开展种桑养蚕、桑蚕种养技术培训、丝绸生产加工、桑枝资源化利用、蚕丝质量检测等工作。桑蚕产业价值链得到延伸和强化,实现全流程联农带农,助推1.8万户蚕农收入可持续稳定增长。

背景

自2006年以来,广西河池市宜州区抓住"东桑西移"机遇,大力发展桑蚕产业,桑蚕产量已连续17年蝉联全国第一,蚕茧深加工快速发展,每年为10多万名农户带来可观的收入。但是,从桑蚕产业高质量发展的角度来看,其桑蚕产业还存在不少问题。一是中小微型茧丝绸企业占比大,初级加工多,精深加工不够。二是由于养蚕的劳动密集型和技术密集型特点,多数蚕农的养殖规模小且分散,技术指导不足,科学、高效管护不够,蚕农收入无法进一步提高。三是桑枝、蚕沙等副产品开发利用不足等。

项目实施

在实施世行片区项目时,宜州区改变传统帮扶思路,从"强链、补链、延链"三个方面,充分考虑企业、合作社和农户的利益,提高蚕茧的质量、数量和效益,提升桑蚕产业的抗风险能力,实现价值链增值,通过健全、完善全产业链措施提高整个产业的市场竞争力和效益。

1. 强链:强产业链薄弱环节

世行片区项目支持合作社建成标准化、规模化小蚕培育房,合作社主要培育低龄蚕,并将培育好的低龄蚕供应给蚕农。蚕农主要养殖大蚕,降低了养蚕的风险。该项目还支持合作社建设大蚕房,主要为社员和蚕农示范先进技术、提供培训学习,提高他们的技术水平。世行片区项目资金支持对农户及合作社进行信用评级和资产评估。商业银行为农户和合作社提供信用授信,拓宽融资渠道,解决农户和合作社的资金困难。该项目商业孵化中心开展技术培训，提高农户的养蚕技术，提高蚕茧的数量与质量。同时，该项目还支持河池市纤维检验所进行蚕丝质量检测，进一步强化产业链检测环节。

合作社社员在蚕房中工作

2. 补链：补产业链缺漏环节

桑枝是农户砍伐桑树采摘完桑叶后的废弃桑秆。少部分桑枝用作食用菌菌筒，大部分桑枝堆积在桑园旁边，没有得到充分利用。世行片区项目支持一家利用桑秆提取制药原料——生物碱的企业，支持赠款600万元，帮助企业造价2600万元的智能化生产线，年可加工16 500吨桑秆，直接受益农户4754户，实现桑枝的循环利用。

3. 延链：延长产业链

世行片区项目支持一家丝绸企业，赠款460.5万元，撬动企业自筹资金1100万元，建成一条产能和效率更高的全自动化加工生产线，大大增强该企业的蚕茧加工能力。通过公司与合作社、农户签订协议，保价收购，确保养蚕收入稳定增长。该生产线可年收购合作社和蚕农的鲜茧4000吨，直接使3000户农户增收。

生物制药企业收购桑枝

成效

（1）经济成效显著，全产业链产值稳定增加，农户种桑养蚕收入大幅度增长。随着合作社的发展壮大，社员还能获得稳定分红，一些入股金额较高的社员户均年分红1000余元。此外，通过桑枝回收可为蚕农每年再增收1500多元，惠及农户4700多户（含脱贫户约1000户），合计增加种桑经济效益700多万元。该项目支持的3家桑蚕合作社年产值达到210万元，以粉碎桑秆为基料的两家食用菌农民专业合作社年产值达到151万元。据统计，该项目支持的合作社、企业及辐射农户创造的桑蚕茧丝绸全产业链产值达到2.78亿元。

（2）培育示范带动能力强的可持续发展的桑蚕合作社。世行片区项目实施期间，培育了5个示范带动作用强的桑蚕合作社和以粉碎桑秆为基料的食用菌农民专业合作社，社员的素质明显提高，内生发展能力显著增强，主要体现在以下方面：一是合作社运行良好，管理日渐规范。二是合作社采用现代化的养殖技术，特别是现代化的恒温蚕房，让社员体验科技养蚕，改变了传统的养蚕观念。三是提高农户的参与度。农户成为社员后参与合作社经营，提高经营发展能力。

（3）实现减贫与乡村振兴有效衔接。世行片区项目组织农户入股合作社，参与发展种桑养蚕，共享合作社产业发展的收益分红。目前，5家合作社发展468户社员入股，其中65%（305户）的社员为脱贫户。

蚕茧公司收购蚕农的蚕茧

经验与启示

世行片区项目宜州区的实践证明，从桑蚕全产业链的视角，以完善利益联结机制为纽带，以联农带农益农为核心，有效动员各方资源，激发各主体的积极性和能动性，强化和延伸桑蚕产业价值链，共享产业价值链增值的模式，具有良好的可持续性和示范效应。

（1）以全产业链的视角，统筹推进桑蚕产业高质量发展。世行片区项目从全产业链的角度统筹推进，补齐、延长和强化宜州区桑蚕产业链条，而不是只关注单一环节，最终形成"产业链完善—市场稳定—产业壮大—各方受益—积极性强"的良性循环。

（2）完善利益联结机制，形成发展合力。通过建设、发展、壮大农民专业合作社等新型经营主体、"企业+合作社+合作社成员+桑蚕基地+蚕农"等组织创新模式，完善利益联结机制，形成发展合力。

（3）产业发展要聚焦农民、服务农民。桑蚕产业发展的主体和核心是蚕农。世行片区项目重视解决蚕农的困难和问题，聚焦和服务蚕农的实际需求，探索各环节带动蚕农收入增长的机制和模式，实现产业链全流程联农带农益农，助推产业持续稳定健康发展。

真实故事

河池市宜州旺腾生态农业发展专业合作社成立于2017年，主要从事小蚕培育。起初，由于资金不足、技术不够

成熟、管理经验不足及养蚕户持一定的怀疑态度等，该合作社发展缓慢。合作社于2019年6月得到世行片区项目合作社发展基金支持，建成1870平方米的小蚕房和420平方米的大蚕房，蚕房的设施、设备更先进，在控温、控湿、防虫、防尘等方面效果更好，孵化出来的小蚕成活率高、质量好，深受蚕农欢迎。在项目办的指导下，该合作社的规范化管理水平和运营管理水平不断提高，自此开始步入发展快车道。小蚕年产值从2019年的44万元提高到2022年的90万元，社员数量则从70户（其中养蚕社员32户）增加到2022年的152户（其中养蚕社员70户），服务养蚕户从220户增加到600户，该合作社的影响力越来越大。

该合作社女性社员卢秀萍就是典型的受益农户。2022年，她家购买合作社的3龄蚕养殖，实现蚕茧销售收入3万余元，再利用空闲时间在合作社摘桑叶、护理桑园等工作，收入8000余元，年底合作社分红306元。对比之前外出务工，她在家养蚕不仅提高了收入，而且养蚕技术水平不断提高，成就感、幸福感也大大提升。

组织机制创新促进中蜂产业带动农户脱贫增收

——中国商务部与联合国开发计划署合作项目打造的湖南省城步苗族自治县中蜂产业发展案例

案例类型：产业减贫
关 键 词：中蜂养殖，定点帮扶，合作社，产业链
提交机构：中国国际经济技术交流中心

摘要

湖南省城步苗族自治县（以下简称"城步县"）曾是国家扶贫开发工作重点县，是中国商务部定点帮扶县。2017—2021年，商务部中国国际经济技术交流中心、联合国开发计划署与城步县人民政府合作开展"扶贫与可持续发展项目"。该项目支持城步县成立合作社社会化服务平台民富乡村振兴发展服务中心，孵化培育农民专业合作社，为合作社产业发展提供能力建设与支持。中蜂养殖是兼具环境效益和经济效益的富民产业，是该项目重点支持的产业之一。该项目成功打造并形成特色中蜂养殖全产业链，培育、孵化13家养蜂合作社和1家养蜂合作社联合社，直接带动社员1001户（包含残疾人和妇女）从事中蜂养殖。蜂农除获得蜂蜜销售收入之外，年底还能按交易量分红，最高可达2万到10余万元。项目实施期间，城步县被中国蜂产品协会授予"蜂业扶贫先进县"称号。这一合作社发展

模式已经在商务部其他定点帮扶地区和福建省古田县等地得到推广。

背景

湖南省城步县受制于地理位置偏远和交通不便等因素，是国家扶贫开发工作重点县、武陵山片区区域发展与扶贫攻坚试点县。截至2018年年底，城步县仍有建档立卡贫困户2786户9147人（含返贫户102户334人），贫困发生率为4.08%，面临较为艰巨的脱贫攻坚任务。

城步县具有得天独厚的中蜂养殖资源。当地养蜂历史悠久，盛产优质高山天然蜂蜜，很多贫困农户以养蜂作为收入来源。但是，由于过去蜂农的生产经营方式落后，蜂蜜产品产量低、品质无法保证，缺乏品牌和认证，销售渠道有限，因此造成养蜂收入低且不稳定。

蜂农屋后的天然蜂场

项目实施

2017年11月,中国国际经济技术交流中心、联合国开发计划署、城步县人民政府签署"扶贫与可持续发展项目"城步县子项目的合作协议。该项目旨在以联合国2030年可持续发展目标为指引,通过探索组织机制创新,以合作社为载体,支持城步县优势特色产业发展,助力当地脱贫攻坚,谋求人与自然和谐共处,推动可持续发展目标本地化。该项目的具体做法如下。

1. 建立农民专业合作社社会化服务平台

在项目的支持下,2017年11月,城步县民富农村可持续发展服务中心成立,2019年3月被改为城步县民富乡村振兴发展服务中心(以下简称"民富中心")。该中心是在城步县民政局登记注册的一家民办非企业机构,其定位是为城步县合作社提供生产、供销、信用服务的综合性服务平台。

民富中心紧密联系县域农民专业合作社70多家,直接或间接服务农民专业合作社120余家,帮助合作社进行规范化建设,制定完善各项规章制度,为其提供管理、技术、资金、市场等方面的服务,破解单个合作社遇到的各类难题。截至2021年4月,民富中心针对合作社社员开展培训共计99期、5806人次,其中包括建档立卡贫困户2332人次、女性2713人次。培训内容涉及合作社基本知识、种植养殖技术、农产品质量安全等方面。该项目通过民富中心投入200万元直接用于支持农民专业合作社产业发展,并建立疫情专项资金120万元,对22家规范化合作社及其他符合项目原则的合作社提供资金支持,已累计发放疫情专项资金110.5万元,受益合作社100家。

民富中心经过层层筛选,在城步县县域88家电商企业名单中选择城步县爬爬文化传播有限责任公司作为第三方电商合作平台，为合作社农产品提供宣传、推广和销售服务。该项目实施期间，城步县爬爬文化传播有限责任公司累计为城步县及项目服务合作社销售农产品约855万元。同时，引入阿里巴巴集团控股有限公司，通过淘宝直播平台进行销售。2019年，城步县产品在该平台上的成交额达到1145万元，比2018年增加550%。

2. 孵化、培育蜂农专业合作社及联合社

依托城步县独有的蜜源优势和养蜂基础，该项目选择蜂蜜产业作为重点扶持的特色产业之一。在民富中心的指导和支持下，城步县从无到有，陆续成立13家蜂农专业合作社和1家合作社联合社，对入社农户进行养蜂技术培训和蜂箱改良，并对产出的蜂蜜进行统一收购，极大地提升农户的组织化程度。该项目为城步县苗林蜂养蜂农民专业合作社提供产业发展资金40万元，用于购买蜂蜜加工设备、建设加工厂，使其成功建成全县第一家蜂蜜加工厂。

城步县的蜂农以中老年男性为主，平均年龄50多岁，依靠自己无力实现技术和产品升级。依托养蜂合作社，城步县向入社蜂农推广多层蜂箱养殖技术，解决传统的平层蜂箱养殖的蜂蜜产量受限和成熟度不高的问题，极大地提高蜂蜜的产量和品质。同时，通过商务部联系阿里巴巴集团控股有限公司向联合社提供1000个智能蜂箱，建立蜂蜜溯源系统，进一步提高城步县的蜜蜂现代化养殖水平。

3. 通过合作社社员联动机制促进蜂农和蜂产业可持续发展

蜂农居住分散，蜂产品质量参差不齐、供货量不稳定，订单履约难，这些是全国蜂产业普遍面临的难题。在基层建立的蜂农合作社可以有效解决蜂农组织化问题。该项目扶持的城步县苗林蜂养蜂农民专业合作社引入社员联保机制，以5户社员为1个小组，收购蜂蜜时以小组为单位进行产品抽检，出现产品品质问题时则整个小组的蜂蜜全部不予收购，从而激发入社农户的自我约束、互相监督的内生动力，确保合作社收购的蜂蜜符合统一质量标准，有效提高蜂农供应合格产品的履约率。

4. 创立蜂产品品牌，拓宽销售渠道

该项目支持蜂农合作社建设的蜂蜜加工设施帮助蜂农合作社通过蜂产品质量验证、获得蜂产品商标，为产品进入市场和电商平台创造条件。城步"蜂舞南山"蜂蜜品牌已经具有一定知名度，其旗下形成不同市场定位的系列产品。该项目支持城步县人民政府为合作社打通展会销售渠道，依托中国国际现代农业博览会、中国进出口商品交易会（简称"广交会"）、中国中部（湖南）农业博览会等进行农产品销售。联合社与企业合作进行市场营销，与网红合作进行直播。2020年，城步县蜂蜜直播销售收入达764万元。城步县在长沙高铁站设立的蜂蜜专卖店，每月销售额可达20万~40万元。

成效

1. 蜂农合作社和联合社实现规范化运营

在民富中心的管理、资金、技术、市场等社会化服务加持下，城步县孵化13个蜂农合作社，建立12个养蜂基地，带动社员1001户从事蜜蜂养殖。目前，蜂农合作社数量还在不断增加，而且运营日趋规范。该项目重点培育的蜂农合作社之一的城步县苗林蜂养蜂农民专业合作社被城步县人民政府评为2020年城步县标准示范合作社。合作社已经实现养殖、加工、销售综合服务，社员常年拥有7040群中蜂，年采蜜量15万千克以上。

2. 形成高品质蜂蜜全产业链

通过合作社的组织体系，城步县原来小而散的蜜蜂养殖实现现代化转型，形成生产、加工、包装、销售的全产业链。养蜂技术水平和产品品质都得到提升。目前，城步县土蜂蜜已经成为城步县一张亮丽的名片。2020年11月25日在全国蜂业大会上，城步县被中国蜂产品协会授予"蜂业扶贫先进县"称号，城步蜂之家养蜂农民专业合作社联合社带头人段才太被中国蜂产品协会评为"蜂业脱贫攻坚之星"。

3. 蜂蜜产量增加，蜂农收入显著提高

合作社的组织化、规范化运营实现了蜂蜜产量的增加和蜂农收入的提高。由于蜂产品品质提升并通过质量认证，所以蜂产品附加值也得到显著提高。普通蜂蜜收购价为80~100元/千克，最好的冬季雪花蜜挂牌价格达到4000元/千克。城步蜂之家农民养蜂专业合作社联合社成立后，2020年蜂蜜总产量达到176.58吨，许多蜂农也实现了脱贫致富。城步县苗林蜂养蜂农民专业合作社带动当地786个农户3000多人发展，其中167个贫困户已经脱贫。2019年，合作社蜂农分红达127万元，农户分红从1万元到十几万元不等。2020年2月，城步县成功实现脱贫摘帽，并被评为"2019年度湖南省脱贫攻坚先进县市区"。

经验与启示

1. 社会化服务平台促进合作社规范运营与产业发展

城步县依托中国国际经济技术交流中心和联合国开发计划署的减贫项目，建设民富中心这一社会化服务平台，帮助农民专业合作社建章立制、改良技术、扩大生产、开拓市场，破解了合作社在运营过程中遇到的管理、技术、资金、市场等诸多难题，提高了合作社的市场竞争力，以组织创新和机制创新真正实现农业生产经营的组织化、规模化、标准化。

该模式已经被商务部其他定点帮扶地区和福建省古田县等地推广运用，并同样取得较好的效果。

2. 合作社通过组织机制创新提高运营效率和产品质量

城步的养蜂合作社通过内部社员分组的组织模式，实现合作社运营效率和农户履约率的提高。养蜂合作社通过实行5人1组的分组模式，组内成员分时轮流看管全组成员的蜜蜂，其余成员就可以开展农作物种植等其他工作，大大解放了劳动力，增加农户收益。在蜂蜜收购阶段采取组内成员联保模式，1人的蜂蜜品质不合格则影响全组蜂蜜收购，从而调动小组成员自我约束和互相监督的主动性，提高农户履约率，实现产品品控的有效性。

3. 多元主体合力推动蜂蜜产业提质升级

在项目实施过程中，中国国际经济技术交流中心、联合国开发计划署和城步县人民政府分工协作。地方政府充分发挥自身在组织协调方面的作用，中国国际经济技术交流中心、联合国开发计划署则发挥在资金、技术、管理等方面的支持作用，并充分链接外部企业资源，引入阿里巴巴集团控股有限公司，利用其在数字技术和销售方面的优势，通过淘宝平台、直播带货等方式为高品质的城步蜂蜜打开销售市场，最终形成政府、企业、国际组织多方协同、合力推动城步蜂蜜产业振兴的良好局面。

4. 因地制宜的特色产业实现经济发展和生态保护的良性互动

虽然城步县地处武陵山区，位置偏僻，交通不便，制造业、服务业发展水平落后，但全县生态资源和特色农业资源丰富。该项目充分利用城步县独特而丰富的生态资源和特色农业资源，精选具有比较优势的蜂蜜产业进行重点扶持，在蜜蜂养殖过程中遵循自然规律推广自然养蜂法，既不会对生态环境造成破坏，又通过自然养殖、自然成熟保证蜂蜜的高品质，还形成保护生态环境的群众基础，实现生态保护与经济发展的相互促进和良性互动。

真实故事

罗东成，城步县丹口镇背西村农民。罗东成夫妻二人都缺乏劳动能力和一技之长，家里有一对双胞胎女儿在读小学。该项目开始时，他们一家是特困户，生活十分困难。2019年，罗东成一家加入苗林蜂养蜂农民专业合作社，学会养蜂技术。他家的蜂蜜由合作社统一收购并销售。现在，他家已有30群蜜蜂，养蜂年收入达到2万多元，极大地提高家庭生活水平。

推进非遗工艺转型升级，助力脱贫致富乡村振兴
——国际组织与政府协同推进福建安溪家居（藤铁）工艺文化产业转型升级案例

案例类型：产业减贫
关 键 词：政企联合，政策支持，非遗文化，家居工艺文化
提交机构：福建省安溪县人民政府

摘要

改革开放初，安溪县是福建省最大的国定贫困县。党中央作出打赢脱贫攻坚战决策部署后，安溪县立足藤铁特色产业，探索"藤铁+电商"发展模式，通过整合资源推进工艺设计创新提升、拓宽"电商+实体"销售渠道，使藤铁工艺不仅成为安溪县巩固拓展脱贫攻坚的支柱产业，而且成为全面推进乡村振兴的重要"动力源"。安溪县推动扶贫方式从"输血式"向"造血式"转变，引领群众精准脱贫，到2019年年底实现全部脱贫。藤铁产业发展的有益经验为中国其他地区，甚至全球减贫治理提供"安溪方案"。

背景

被称为典型山区县的安溪县，多是高山峻岭。长期以来，当地百姓的生产、生活普遍处于闭塞状态。

此外，安溪有县无城，仅有不到1平方千米的城区。1985年，安溪县贫困人口占全县人口39.6%，安溪县被戴上"福建最大贫困县"的帽子。直到1990年，安溪县农民的人均纯收入仍然只有650元，位居福建省64个农村县中倒数第六位。

项目实施

1. 强化政企联动互动

"荷畚执筐，为安职业"，安溪是世界藤铁工艺之都、中国家居工艺产业基地、中国藤铁产业基地。安溪县成立家居工艺文化产业管理委员会，设立安溪县家居工艺文化产业管理委员会办公室和藤铁工艺中心，建立联席会议制度，加强与商会、企业的沟通联系，统一指导协调家居工艺产业的品牌打造、市场开拓、研发创新、产品保护、宣传推广等工作；实施家居工艺产业链"链长制"，委托华侨大学专家团队编制《安溪县家居工艺文化产业发展规划（2023—2030年）》《家居工艺产业链"链长制"实施方案》《家居工艺产业三年行动计划（2023—2025年）》，通盘规划蓝图，分步组织实施，引领推动产业前瞻发展；发挥家居工艺商会和电商分会的桥梁纽带作用，引导行业自我约束、自我管理，推动产业规范发展、健康发展。

2. 强化平台载体建设

在园区建设上下功夫，科学规划、规范布局，利用有限的土地资源实现园区发展效益最大化，构建特色鲜明、结构优化的产业集群，建成藤铁工艺产业园、藤云工艺园、云鹤电商园、玛雅文化园、家居工艺城等一批产业园区作为家居工艺产业的发展平台。

目前，安溪县已形成以凤城、城厢、尚卿等3个乡镇为中心，辐射官桥、龙门、参内、魁斗、西坪、蓬莱等6个乡镇的区域产业集群，进一步拓展产业发展空间和载体。

3. 强化人才队伍支撑

鼓励工艺美术创作人才、管理人才参加职称评定、人才认定和非遗传承人评选，鼓励企业参加"百鹤杯""百花杯""金凤凰杯"等专业赛事，持续举办"匠心杯""卿创杯"等工艺类现场创作大赛。行业现有工艺美术大师、名人46位，市级以上高层次人才73人，省级、市级劳模13人，工艺大师、名匠的引领带动效应逐步显现。深化校地共建，与清华大学深圳国际研究生院、福州大学厦门工艺美术学院等开展产学研合作，推动福建农林大学成立数字经济学院，设立工业设计专业。举办"古技今艺——安溪藤铁艺术展"等展示展销活动，加快推动藤铁工艺品进入中国国家博物馆展览、展示或馆藏。工业和信息化部工艺美术产业人才岗位特设竹藤编工艺师、藤铁工艺师两个岗位（岗位标准、测评大纲由安溪县制定，题库、培训教材由安溪县编写，测评单位设在安溪县）。引进迪特国家工业设计中心设立安溪藤铁工艺创新发展研究院，力争创作一批创新产品，引进一批高端人才，构建新型产业生态。同时，注重培养新生代企业家队伍。

4. 强化市场空间拓展

安溪县坚持国际国内双轨驱动、线上线下深度融合。国际市场方面，组织企业赴美国、欧洲、东南亚和中东开展拜访客户、洽谈项目、参加海外重点展会等商务活动。大力发展跨境电商和海外仓，引导企业组建网络销售团队，一线接单，破解销售终端问题。安溪县产品远销世界60多个国家和地区，出口量占全国同类产品的1/3，被商务部认定为国家外贸转型升级基地，30%安溪藤铁家居工艺产品销往国外，尤其是欧美市场，运作模式较为成熟，销售链条较为完整。国内市场方面，大力发展网络销售，积极推动"溪有好物"共享品牌产品上架小米有品、诚品生活等网销平台。规范电商市场，保护产品专利和知识产权，加强质量管控，提高产品美誉度。推动家居工艺产业与茶业、建陶、日用陶瓷、石木雕、树脂工艺、LED灯饰等产业协同融合，形成产业链配套，壮大产业集群，拓展多领域的市场空间。目前，安溪县共有"淘宝镇"10个、"淘宝村"57个，家居工艺电商交易额达104亿元，获评中国电商发展百佳县、国家电子商务进农村综合示范县，居2021年全国农产品数字化百强县第一位。

成效

一直以来，安溪县委、县政府对藤铁家居工艺文化产业的发展高度重视，以"家居工艺+文化创意"为载体，以产业集群为依托，扎实做好智能制造、市场拓展、园区建设、创新创意、品牌打造等各项工作，有力推动家居工艺文化产业转型升级、提质增效。随着家居工艺文化的兴起和个性化时代的到来，安溪藤铁工艺产业在原来竹藤、钢铁的基础上融入其他元素，如金属、陶瓷、树脂、玻璃、塑料、马赛克、亚克力等，产业形态变得丰富多彩，逐步形成今天的安溪家居工艺产业。安溪县首创藤铁工艺后，深受中国百姓和世界人民的欢迎，并传播到福建、广东、浙江、广西等省区乃至亚欧美等的国家和地区。中国进出口商品交易会每年都设立"安溪藤铁工艺"专区，安溪藤铁成为国际市场的手工艺时尚品。安溪也因此成为中国藤铁工艺的发源地。目前，安溪县共有家居工艺企业2200多家（规模以上企业66家）、加工点3000多个，从业人员15万多人，2022年行业总产值265亿元，年纳税额1.6亿元左右。

经验与启示

安溪县致力于非遗工艺保护、传承，拓展工艺功能，持续推动家居（藤铁）工艺文化产业转型升级、提质增效，达到农民增收、村强民富、生态良好、生活富裕、环境优美、管理民主、和谐稳定的目标，推动一二三产业融合发展，为全方位推进安溪高质量发展提供有力支撑。

1. 政府重视是前提

安溪县先后出台《安溪县推进家居（藤铁）工艺文化产业转型升级若干规定》《安溪县贯彻落实国务院、福建省、泉州市扎实稳住经济一揽子政策措施实施方案》《安溪县惠企政策申报指南》等政策文件，在技术改造、研发设计、市场拓展、品牌推广等方面出台具体措施，给予倾斜支持，发挥财政资金的导向作用，以扶持工艺企业发展壮大。

2. 研发创新是关键

推进工业设计中心建设，鼓励企业在当地和主要销售市场创建研发设计中心，根据市场流行趋势，研发适销对路产品，推动产品推陈出新、引领潮流。依托迪特国家工业设计中心设立安溪藤铁工艺创新发展研究院，定期研讨行业的材料、设计、标准、跨界融合等问题，提升工艺技术流程，创作一批创新产品，引进一批高端人才，为行业增添动能。技艺改造、智能化生产，探索建立技术转移联盟、产学研联盟等，多渠道吸纳设计和创意人才，提高企业研究研发能力和水平。引导行业企业加大投入，创建高新技术企业，主动研究客户、潮流，发展智能化制造、个性化生产，提高产业竞争力。开展行业标准、团体标准的制定，利用中国工艺美术学会藤铁艺术专业委员会落地安溪的契机，抓紧制定家居工艺行业标准，抢占行业话语权、行业发展制高点。

3. 人才培养是支撑

深化校地共建，推动福建农林大学成立数字经济学院，设立数字媒体艺术、电子科学与技术等相关专业。继续与清华大学深圳研究生院、福建师范大学美术学院、福州大学厦门工艺美术学院等开展产学研合作。发挥华侨职校市级产业实训基地作用，开展工艺品加工、竹藤编等技能培训。

4. 落地宣传推介是保障

提高家居工艺产品展示度，在机场、动车站、高速出口等重点地段，建设藤铁工艺创意长廊，全方位展示安溪家居工艺的特色精品。依托商会建设安溪藤铁工艺公众平台，通过抖音、快手平台，宣传行业精品、网红作品、名企、名人、名铺，特别是在网络销售重要时间节点做好网络引流、吸粉。支持建设国家级藤铁特色小镇、艺术小镇，城镇建设中充分融入藤铁工艺文化元素，全方位宣传推广"世界藤铁工艺之都"、竹藤编技艺的形象标识，扶持壮大乡村特色工艺产业。

传承藏族雕版印刷技艺，助推边疆民族地区乡村振兴

——中国华电集团有限公司发展"非遗经济"减贫案例

案例类型： 文化振兴
关 键 词： 非遗文化，木刻产业，文旅产业，脆弱性群体
提交机构： 中国华电集团有限公司

摘要

非物质文化遗产作为珍稀的活态文化资源，不仅是悠久历史和灿烂文明的积淀，而且在乡村经济新旧动能转化的情况下具有极高的市场价值潜力。中国华电集团有限公司（以下简称"中国华电"）驻西藏自治区江达县外冲村工作队因地制宜，依托国家级非物质文化遗产藏族雕版印刷技艺，组织村民从"零"开始发展木刻产业，打造"产业+文旅"的"外冲非遗经济"模式，长期稳定就业160人，村集体年创收280余万元。在实现"造血"帮扶的同时，推动非遗文化保护和传承，为破解边疆民族地区可持续发展难题提供可借鉴样本。

背景

外冲村位于西藏自治区昌都市金沙江上游的高山峡谷地带，

地理位置极其偏僻,建档立卡贫困户234人。受当地传统影响,女性地位普遍较低,贫困现象更为突出,适龄儿童辍学现象普遍。外冲村虽是具有300多年历史的波罗古泽刻版制作技艺的发源地,该技艺被列入国家级非物质文化遗产名录,但包括唯一在世的传承人泽培在内的20余名工匠的平均年龄已超过45岁,他们仅在农闲时零散接单补贴家用。木刻工匠人均月收入不足1000元,无法吸引年轻人学习,这种民族特色手工艺文化濒临失传。当地脱贫面临基础设施极不完备、发展产业缺少支撑、整体受教育水平偏低、职业技能亟须提高等挑战,脱贫难度大。

◀2018年以前所建的简陋的木刻车间

2019年建成的干净整洁的▶木刻车间

项目实施

1. 精准施策，兴非遗产业

2018年，中国华电驻村工作队进驻外冲村，调研了解外冲村藏族雕版印刷技艺发展传承的状况，决定以"非遗技艺"作为村集体产业发展的突破口，梳理三大制约要素，即基础设施落后、工匠分散无组织和工艺品销路不通，随后有针对性地开展工作。驻村工作队争取地方政府援助建设路、电、讯等基础设施，外冲村历史性地畅通了公路、动力电和通讯信号，打通与外界沟通交流的渠道，为产业发展打下基础。动员组织群众成立木松民族手工艺有限责任公司，先后筹集政府资金895万元，中国华电捐赠144万元，建成占地1400余平方米的木刻车间，修建防洪堤坝、文化展厅、书法室、地暖等配套设施。选拔5名村党支部党员成立木刻车间议事小组，将木刻产业从零星接单、分散雕刻的个体经营模式转变为集中雕刻的组织化经营管理模式，大幅度提高生产效率，加快推进产业规模化发展。驻村工作队充分利用各方资源，拓宽产品销售渠道，多方联系寻找市场。2019年，外冲村木刻企业成功签订总额约4000万元的10年期供货协议，2021年又达成6000万元的供货意向。这坚定了村民木刻能致富的信心，为木刻产业可持续发展提供有力支撑。

2. 产教一体，育工匠人才

驻村工作队与外冲村"两委"启动藏式木刻非遗传承计划，推选传承人泽培为培训导师，开设"以工代训"培训班，从知识产权保护、藏文研究、藏书法撰写、木刻设计、技法传承、工艺提升6个维度，为更多村民学习木刻技艺提供平台。

木刻技艺培训周期为半年至一年，其间必须脱产专注学习。驻村工作队建成食堂，捐赠炊具和粮油，发放学习积分券，降低学徒的生活成本。驻村工作队队员邀请已获得稳定收入的新出师学徒现身说法，带动村民尤其是中青年劳动力参加培训。通过广泛动员，不仅外冲村的村民踊跃报名学习，附近村组、四川省白玉县的村民都慕名前来学习。通过深入细致耐心的宣传，推动外冲村女性摆脱"女人不适合学木刻"陈旧观念的束缚。2019年5月，木刻车间迎来了这项技艺自诞生以来的第一位女学徒四郎德西。同时，藏式木刻不断激发年轻人的创新意识，他们在传统记载历史文献、医学、典籍等内容基础上开拓创新，增加雕刻新思想、吉祥话、祈福语等内容，让传统技艺以新颖的方式展现在民众面前，不断赋予民族文化新时代内涵。

3. 打造品牌，促文旅融合

依托外冲村藏族"木刻之乡"的美誉，驻村工作队积极打造以波罗古泽刻版制作技艺非遗传承为品牌，以西藏高原峡谷自然风情游、波罗古智书法文化游为支撑的文旅项目。对现存波罗木刻创始人贡拉多吉文化遗迹等进行保护，建设木刻文化展厅，结合"古智藏文书法"开发藏式木刻文创产品，组织村内传统艺人、家庭妇女开发生产藏香、藏纸等特色产品，拓宽群众增收渠道。加大对外宣传力度，积极与各级文化主管部门、新闻媒体等沟通协调，提高品牌美誉度。到2023年，外冲村木刻车间已发展为集木刻、书法、藏香、藏纸、烹饪、藤艺等各种帮扶项目于一体的致富产业聚集地。此外，驻村工作队积极将外冲村周边木桑神山、木桑寺等自然历史旅游资源整合融入文旅产业，争取政府资金3000余万元，修建旅游公路、度假营地，组织村民开设特色农家乐、特产店，推动木刻文化和木桑旅游提档升级，形成高质量产业融合发展样板。

外冲村年轻女学徒益嘎展示自己雕刻的作品

成效

2019年，中国华电驻村工作队通过发展木刻产业，首年即为群众增收220万元，木刻工匠人均月收入从1000元提高至近6000元，带动外冲村脱贫摘帽。依托文旅产业，外冲村全村实现"家门口"就业，人均收入从2018年的3500元提高到2022年的1万余元，为当地乡村振兴注入可持续发展动力。2023年，已有90余名年轻匠人加入木刻产业，非遗文化后继有人。残疾人达瓦吉称和久叶通过木刻赚钱，消除了"自己是家中拖累"的人生遗憾。33名"非遗女工匠"通过双手刻出自立、自强和自信，彻底改变外冲村女性社会地位和家庭地位较低的境遇。藏式木刻对藏、汉书法要求较高，重视教育的思想逐步在村民心中扎根，外冲村适龄儿童控辍保学率达到100%，全村文化素养和文明水平进一步提高。波罗古泽木刻品牌的影响力不断扩大，作为藏东重要的非遗项目，被推选参加北京举办的《匠心传习——西藏非遗特别展》。中国华电长效帮扶藏式木刻产业发展获得地方党委政府和群众肯定，相关做法被新华通讯社、人民日报、中央电视台科教频道、西藏电视台多次报道。中国华电西藏驻村工作队获评西藏自治区"先进驻村（居）工作队"，驻村党支部获评"中央企业基层示范党支部"。

经验与启示

中国华电驻村工作队立足当地资源禀赋，深挖非遗经济价值、文化价值，探索出一条非遗产业引人育人、文旅融合留人富人的高质量发展路径，对非遗等文化资源丰富的边疆民族地区乡村振兴具有很强的启示和推广意义。

1. 明确非遗产业发展路径

发展特色文化产业是对偏远民族地区所处困境的积极应对与有效纾解。中国华电驻村工作队充分发挥中央企业资源、人才优势，通过入户走访、产业筛选、市场调研，为外冲村量身打造非遗产业"三步走"路线图，建设基础设施、组建木刻企业、畅通销售渠道，实现外冲村集体产业的发展壮大。

2. 赋予非遗文化当代价值

通过市场运营、创意转化，充分释放文化资源的使用效率和增值空间。中国华电驻村工作队保护非遗遗迹、建设文化展厅和收集历史文献资料，挖掘西藏木刻更深层次的文化价值。创新组织工匠雕刻新思想、吉祥语等木刻作品，提高产品丰富度，让木刻产品更契合时代。结合当地特色民俗文化，将单一木刻产品向书法、藏香、藏纸等文化产品延伸，并持续加强宣传推广，提高藏式木刻品牌的传播力和影响力。

3. 产业融合促进乡村业态升级

与一般文化产业相比，非遗文化产业与旅游产业的互动和共振关系更为明显。中国华电驻村工作队将非遗文化符号植入到旅游文创产品设计的整个环节，推介发展当地乡村自然资源、人文历史、生态环境旅游项目，促进木刻产业及传统农产品增效和藏族群众增收，为外冲村可持续发展和乡村振兴汇聚新动能。

———— 真实故事 ————

外冲村原建档立卡贫困户布西一家共有 10 口人，8 个孩子，其中 6 个在读书。由于布西罹患先天性心脏病不能从事重体力劳动，所以她家仅依靠丈夫平措和大儿子索加放牧、种地维持生计，是外冲村原来最贫困的家庭。2019年年初，外冲村成立波罗乡木松民族手工艺有限责任公司后，布西拖着患病的身体主动承担所有家务和放牧的活计，支持丈夫平措和大儿子索加脱产学习木刻。两人拜非遗传承人泽培为导师，历时半年多掌握木刻技艺，一笔一画雕刻出崭新生活，每人每月收入达 6000 元。当年年底，一家人用木刻攒下的积蓄把布西带到四川大学华西医院治病，第二年还添置了一辆小汽车。2022 年，大女儿邓增拉姆也成为木刻学员，现在学成出师在即。一家人实现从仅能维持温饱到小康生活的极大跨越。

两河口模式使土家会聚之地重生
——东南大学帮扶湖北省宣恩县案例

案例类型：产业减贫
关 键 词：文旅产业，建筑遗产
提交机构：东南大学中华民族视觉形象研究基地

摘要

自2019年起，东南大学在湖北省宣恩县两河口村启动"以国际教育研学推动人才培养和文旅融合，以建筑遗产保护带动乡村人才和产业振兴"的帮扶工作。2023年春节期间，两河口吊脚楼前游客络绎不绝，处处洋溢着祥和的年味和烟火气，一个败落了几十年的土家盐道古村得到重生振兴。通过发掘、整理干栏木构吊脚楼传统技艺，进行两河口老街活化更新，因地制宜探索乡村发展新模式；通过参加威尼斯国际建筑双年展，向世界展示了中国独有的传统建筑智慧和优秀传统文化价值及直面当前问题的中国减贫方案。

背景

两河口村位于湖北省恩施土家族苗族自治州宣恩县沙道沟镇，地属武陵山腹地、酉水河上游。古往今来，这里就是商贸集聚之地，也是"川盐古道"的重要枢纽。近几十年来，武陵山区乡村人口流失，商贸凋敝，曾经兴盛的古村陷于衰败。仅有一条保存较好的老街仍能勾起人们对往昔的回忆，典型反映了鄂西土家族干栏木构吊脚楼建筑的建构特征和商贸市集的聚落形态。

乡村振兴的时代大潮为古村落提供契机，同时带来新的挑战：传统村落如何在迅猛的旅游业发展中避免浅表性的消费，保护和传承文化的价值内核，保护地方遗产的原真性与独特性，使沉睡的村寨得以重生。这不仅是我们在两河口遇到的问题，而且是包括国外的人类文化遗产在内共同面临的挑战。

◀ 两河口老街建筑遗产保护研究模型1

两河口老街建筑遗产保护研究模型2 ▶

项目实施

1. 修遗产，复风貌

自2019年起，东南大学会同威尼斯建筑大学、华中科技大学和重庆大学师生进驻两河口村，通过田野调查、数据分析、规划设计等方式开展以"活态保护、适应性更新"为主题的国际联合研学，启动"点"（两河口老街）"片"（彭家寨）"面"（宣恩县）的发展规划；依托国家首批"铸牢中华民族共同体意识研究基地"在宣恩县设立地方工作站，提高东南大学精准帮扶土家族传统文化的保护传承和当代转化的工作成效。2020年，应用东南大学"国家科学技术进步奖一等奖"中国城镇建筑遗产多尺度保护理论、关键技术及应用成果，采用"嵌补"与"修复"两个阶段性技术措施，对关键建筑节点进行针灸式示范性改造，并整体恢复干栏建筑风貌。通过这一技术路径，村庄整体空间品质得以重塑和提升。

新建土家大凉亭为村民、游客及邻村的孩子提供活动空间；引入西兰卡普织锦工坊，借助非遗特色产业振兴传统工艺，保护传统民居；改造入口建筑，恢复"罢檐"吊脚楼形制和以火塘为中心的席居方式，再现干栏木构建造文化体系下土家人真实的生活图景……走进两河口老街，随处可以感受传统古村落为时代发展留下的一份"独家记忆"和"生机活力"，焕然一新的乡村文化特色实现优秀传统文化的创造性转化与创新性发展。

2. 兴文化，育人才

针对帮扶地区宣恩县的特色，东南大学在服务国家乡村振兴战略中发挥教育优势，推出"纵横"两种研学模式。纵向研学模式是指依托联合国教科文组织、东南大学、威尼斯建筑大学等国内外大学建筑学科的专业力量，针对国内外建筑学科的本科生、研究生开展现场研学，引导土家干栏木构建筑的保护与再生研究走向深入；横向研学模式是指依靠地方非遗传承人，打造吊脚楼传统建造非遗技艺精品课程，面向中小学生、非专业学生、游客及广大群众，进行中华优秀传统文化的科普性教育。依靠这两种模式，东南大学探索出教育服务乡村振兴和乡村振兴反哺教学科研的有效路径，以国际教育研学推动人才培养和文旅融合。

中意国际建筑研学营由东南大学与宣恩县政府在中国土家泛博物馆（彭家寨旅游景区）共同成立，目前研学营已与国内外多所高等院校建立合作关系，已接待包括留学生在内的大学生285批次、共计10 260人次，幼儿园及中小学生研学195批次、共计5850人次。2022年，东南大学与联合国教科文组织亚洲遗产管理学会在中意国际建筑研学营联合主办亚洲干栏木构建筑遗产的保护与再生学术研讨会。

3. 强产业，增就业

东南大学以建筑遗产保护带动乡村人才和产业振兴。通过吸引世界目光，以文旅产业振兴助推建立稳定脱贫的长效机制，帮扶毗邻两河口村的中国土家泛博物馆（彭家寨旅游景区）依托古吊脚楼群核心资源打造4A级旅游景区，创立彭家寨文旅品牌。构建生态、形态、文态、业态"四态"合一的价值体系，以"文旅+研学、非遗、民俗、电竞、乡村网红"等多种跨界融合方式，使人才回流、文旅产业得到高质量发展。

通过招商引资和发展彭家寨文旅品牌，当地回乡就业创业的村民数量持续上升，不少村民回乡开设农家乐、民宿、西兰卡普手工坊等。截至2022年6月，仅彭家寨景区就累计完成投资3.7亿元，间接带动就业2万余人。

两河口老街上土家族的长桌宴

经验与启示

1. "文旅+N"使文化旅游"旺起来"

以文旅带动县域经济发展,在"两河口、彭家寨、宣恩县"的"点、片、面"发展战略规划中,锚定文旅内核,发展"文旅+研学""文旅+非遗""文旅+民俗""文旅+电竞""文旅+乡村网红"等多种跨界融合方式,不断助力文旅产业升级。2021年,宣恩县累计接待游客472万人次,旅游综合收入22亿元,比2019年同期增长43.7%、34.2%,比2020年同期增长88.4%、81.4%。

2. 人才回流使产业振兴"火起来"

借助国际传播,有效提高社会关注度,通过招商引资和发展彭家寨文旅品牌,共带动本地就业1441人,回乡就业、创业的村民数量持续上升,开设农家乐、民宿、西兰卡普手工坊成为首推的创业项目。

3. 国际传播为全球减贫提供中国方案

东南大学牵头将国际联合研学成果成功申报第17届威尼斯国际建筑双年展,在威尼斯禅宫和宣恩县两河口村同时开展,成功将2018年脱贫摘帽、藏于深山的中国土家族村落呈现于国际舞台。活动特别邀请两河口村外出务工村民回乡共同参与,新华网、人民网、新浪微博、湖北卫视等50多家主流媒体对活动进行全程报道,中央广播电视总台国际在线进行多语种直播,当晚收获58万的点赞量及111万的阅读量。意大利将两河口展览收录为威尼斯国际建筑双年展期间必看的5个重要展览之一。

威尼斯国际建筑双年展的展览现场

促进小农户与现代农业衔接的"合作社+"模式

——国际农业发展基金贷款支持初山农谷种养专业合作社发展案例

案例类型：可持续发展
关 键 词：合作社，产业链，小农户
提交机构：国际农业发展基金

摘要

国际农业发展基金贷款优势特色产业发展示范项目2018年10月在四川和宁夏两省区的10个县（市、区）启动实施。该项目以扶持合作社为抓手，强化价值链建设与能力提升，促进小农户融入现代农业产业，巩固脱贫攻坚成果。四川省广安市广安区初山农谷种养专业合作社由返乡创业大学生组建，积极申请该项目扶持，采取"小农户+合作社+农超对接"运营模式，通过种植养殖技术提高产品质量，延伸产业链提升价值链，并完善合作社内部管理机制，为社员提供培训服务，强化利益联结，推动合作社发展并带动小农户与现代农业联结，实现社员平均分红2137元，贫困社员平均分红2653元。

背景

目前，我国小农户数量占农业经营主体的98%以上，小农户家庭经营仍是我国农业生产经营的主要组织形式。促进小农户与现代农业有机衔接是实现乡村振兴的重要内容。农民专业合作社在连接小农户与现代农业过程中提供社会化服务，是比较合适的组织载体。四川省广安市广安区初山农谷种养专业合作社成立于2017年，由3位返乡创业大学生组建，并吸纳大学生和周边村民，以发展李子为主导产业，同时种植多品种水果、蔬菜，养殖跑山鸡和水产等。该合作社发展之初面临以下问题：一是合作社产品尚未形成品牌，价值链有待提升；二是合作社内部管理机制有待完善；三是合作社缺乏扶持资金。

项目实施

2020年，经遴选，初山农谷种养专业合作社获得国际农业发展基金资金150万元，自筹资金19.4万元，用于发展和价值链建设。

（1）明确合作社产业发展需求，制订合理的产业发展计划。为解决合作社发展的产业、管理与资金问题，初山农谷种养专业合作社明确建设内容和受益人目标，利用该项目资金建设200亩李子标准化种植基地，加强技术培训、考察学习，采用先进的种植养殖技术等措施提高产品质量，通过延伸产业链提高产品附加值，并建立合作社内部管理机制，实现合作社年净利润达到20万元，直接销售收入77万元，带动社员增收，周边农户通过在合作社务工增加收入，促进当地经济发展。

（2）多措并举，延长产业链、提升价值链。一方面，在李子品种选择与种植方式上，引进味道鲜美可口的新品种，利用项目资金修建连栋大棚，在棚内进行育苗和高标准栽培；与四川省农业科学院、四川农业大学等科研院校建立技术合作关系，为合作社种植养殖提供技术保障。另一方面，加强产品加工和销售环节，提高产品附加值。合作社购买加工设施和农业机械，对李子进行二次加工和晾晒，建设超市销售分拣系统，开拓网络销售、社区直销、农超对接、基地直采、代理配送等销售途径，并与京东、淘宝等电商平台，申通、中通等快递平台建立合作协议，将生态养殖与旅游结合，打造"生产+体验+采摘"农业产业模式。

（3）完善合作社内部管理机制，推动合作社发展，并带动小农户与现代农业衔接。该项目通过建立具有包容性、平等性和可持续性的价值链，促进合作社发展与能力提升。在该理念的引导下，该合作社进一步加强内部管理机制。首先，完善合作社规章制度，制定合作社章程、社员代表大会制度等多项管理制度，明确社员股权、制订利益分配方案，社员主要通过利润分红和劳务等方式直接受益，建档立卡贫困户社员还通过特定分红受益。该合作社社员共55人，其中建档立卡贫困户19人，按照流转土地或入股资金对入社社员股权进行量化，实现净利润后先弥补以前年度亏损，然后提取35%作为合作社的发展资金，提取5%用于贫困户的平均分配，剩下的60%分配给合作社社员，所有合作社社员根据股权比例进行分红；其次，对合作社发展进行统一规划，每年召开社员大会，合作社管理透明化，定期对合作社的财务情况进行公示，保障农户利益。

成效

在项目支持下，该合作社在发展与能力提升方面取得较好成效，在带动小农户与现代农业衔接方面也取得一定效果。

1. 经济效益

该合作社在农超对接方面已经新增食堂和超市客户 10 家，周边其他客户增加 500 余户，月营业收入增加近 30 万元。2022 年，农超对接板块年营业收入达到 1000 万元，2023 年达到 2000 万元以上。该合作社社员平均分红 2137 元，贫困社员平均分红 2653 元。该项目实施后，项目周边农户通过在园区内务工增加收入，带动当地经济的发展。

2. 社会效益

该合作社对未入社的贫困户进行技术、资金的全方位支持，召开群众大会，算好社员收入账，让更多的村民和贫困户了解并加入合作社。同时，该合作社为当地农业发展注入活力，青壮年劳动力大多留在村里进入农业产业，带动当地脱贫，特别是建档立卡贫困户、留守儿童等社会问题得到改善和缓解。

经验与启示

1. 发挥带头人作用，推动合作社发展

2017 年，初山农谷种养专业合作社由 3 名大学生出资创立，之后吸引了 12 名优秀大学生回乡创业，并吸收滑滩村 20 余户农民入股，进一步发展成为拥有 55 名社员的种养专业合作社。该合作社理事会是一支有文化、懂技术、善经营、会管理的年轻队伍，对家乡发展有情怀、有担当。当合作社发展遇到瓶颈时，他们积极寻找出路，找资金、拓市场、求合作，在国际农业发展基金的资助下不断发展，提高合作社发展能力的同时，带动周边小农户发展。

2. 创新运营模式，促进产业增效

初山农谷种养专业合作社采取"小农户+合作社+农超对接"衔接模式，流转闲散土地，组织农户种植李子、蔬菜，养殖跑山鸡和水产，在保持与巩固原有种植规模的基础上，采取标准化和规模化种植。同时，该合作社采用"共享农场"模式，以订单农业为主，设置超市、养殖区、民宿区，游客可以在旅游期间体验采摘、科普、喂养小动物等活动，享受吃、玩、住一体化服务。该合作社将农业模式由粗放转为精细、由低效转为高效，延伸农业产业链，增加农户的经济收入。

3. 提供培训服务，强化利益联结

初山农谷种养专业合作社通过对社员进行全方位培训，教授先进的种植养殖技术，并聘请农业科研机构和农业院校的技术人员进行田间指导。合作社收购农户水果、蔬菜，进行初加工并进行销售，大大提高产品的附加值。同时，在超市、生态农场设置大量就业岗位，实现农户就地就业。

真实故事

四川省广安市广安区彭家乡滑滩村村民胡可静的丈夫和儿子因病不能正常劳动，除了务农之外，她家没有任何经济来源，生活非常困难。自从通过土地流转加入初山农谷种养专业合作社后，胡可静有机会接受合作社提供的种植技术相关培训，并凭借学到的技术在合作社务工，收入能达到100~150元/日。除此之外，该合作社从2023年起开始分红，每户每年可以分到2000多元。胡可静家的生活条件得到明显改善，她脸上的笑容也逐渐多了。合作社的发展让全体社员信心满满，他们怀着希望投入对美好未来的创造。

胡可静接受合作社提供的现场技术培训

构筑全产业链融合发展平台，帮助小农户对接大市场
——国际农业发展基金支持的陕西省镇巴县发展扶贫价值链案例

案例类型： 产业减贫
关 键 词： 产业链，品牌营销，电商减贫
提交机构： 国际农业发展基金、陕西省利用国外贷款项目办公室

摘要

镇巴县从2018年开始参与实施国际农业发展基金贷款陕西农村特色产业发展项目，在项目实施的前三年主要以支持农牧产业的生产端投入为主。为了进一步提升当地农产品的品牌影响力和营销能力，从2021年项目中期评估后，镇巴县对该项目实施方案进行优化和调整，从支持产前端、产中端为主逐渐向支持产后端转移，重点开展品牌推广、线上线下营销网络、产业公共服务和数字农业等活动，构建完善全产业融合发展的价值链。

背景

陕西省汉中市镇巴县位于陕西省南部的秦巴山区，自然资

源丰富，但由于境内山势绵延、交通不便，形成镇巴县资源优势与区位劣势并存的特点，长期以来经济发展相对滞后，在2020年前还是陕西省的深度贫困县。

在该项目实施的前三年，镇巴县主要以支持农牧产业的生产端投入为主，极大地促进当地农业生产端的生产水平提高，使企业和农户的生产规模、销售收入都得到明显提高。但是，随着项目实施的深入，也出现了一些新的问题。虽然单纯进行生产端的投入，但是农产品销售难的问题仍然没有得到实质性解决，农户及中小企业的议价能力比较弱。生产规模的扩大反而使中小企业在市场营销、产品溢价、对接高端市场等方面的劣势更加凸显。

项目实施

2021年4月，在项目中期评估期间，经过与国际农业发展基金和国内相关方面商讨，镇巴县对该项目实施方案进行优化和调整，项目实施从支持产前端、产中端为主逐渐向支持产后端转移，重点开展产品品牌营销、产业公共服务和数字农业等活动。镇巴县在项目调整后主要采取的措施如下。

（1）建立线上、线下资源共享的营销网络平台。镇巴县国际农业发展基金项目从2021年开始采用特殊类型商业计划书，扶持建立"千禾农仓"线上销售和线下推广相结合的营销平台。"千禾农仓"营销平台由5位回乡创业的青年企业家联合创立。

在国际农业发展基金项目的支持下，"千禾农仓"营销平台通过开展品牌注册、设计产品包装、建立线下农特产品体验馆和线上直播平台、品牌营销等活动，按照统一的质量标准引入或收购镇巴县当地中小企业和农户生产的特色农产品，设计统一的包装，采用"千禾农仓"商标统一进行推广，解决许多农户农产品滞销的难题，也让企业不断发展壮大。

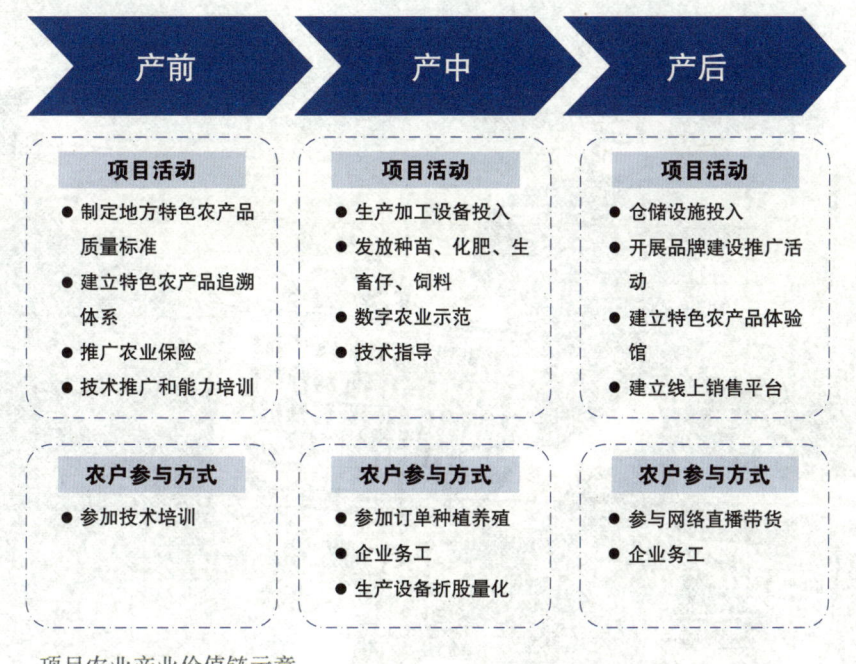

产前	产中	产后
项目活动 ● 制定地方特色农产品质量标准 ● 建立特色农产品追溯体系 ● 推广农业保险 ● 技术推广和能力培训	**项目活动** ● 生产加工设备投入 ● 发放种苗、化肥、生畜仔、饲料 ● 数字农业示范 ● 技术指导	**项目活动** ● 仓储设施投入 ● 开展品牌建设推广活动 ● 建立特色农产品体验馆 ● 建立线上销售平台
农户参与方式 ● 参加技术培训	**农户参与方式** ● 参加订单种植养殖 ● 企业务工 ● 生产设备折股量化	**农户参与方式** ● 参与网络直播带货 ● 企业务工

项目农业产业价值链示意

特别是"千禾农仓"创建的线上销售平台，通过培训当地农户，鼓励他们直接参与直播带货，将镇巴县的绿色健康农产品推广到全国各地的大中城市。成立短短一年多里，"千禾农仓"年销售额达到3000多万元，销售农产品品种158种，带动镇巴县当地24家农产品企业。农户在企业的带动下收入普遍有了较大幅度的增长，累计带动农户2800余户。

（2）开展品牌建设，建立特色农产品质量标准追溯体系。该项目通过建立特色农产品体验中心，开展品牌宣传推广活动，以扩大镇巴地理标志产品的影响力。同时，为了规范和提高镇巴县特色农产品的质量，由镇巴县市场监督管理局等监管部门主导，建立镇巴腊肉、生态茶园的产品质量追溯系统，并按照具有镇巴农产品特色的产品质量标准进行监管，提高镇巴特色农产品质量和食品安全水平在消费者心中的认可度。

农户牟虎昌和企业负责人一起收获羊肚菌

（3）推广农产品保险，提高农民的风险意识，维持产业长期稳定发展。为了提高农民的风险意识，引导农民建立长期稳定秩序发展的理念，2021年镇巴县与保险公司合作，对镇巴县国际农业发展基金项目中的育肥猪和能繁母猪养殖户、茶叶种植户开展农业保险试点，先后为茶叶种植投保52 438亩、育肥猪投保1000头，该项目提供保险补贴308.58万元。

成效

镇巴县国际农业发展基金项目从2018年开始实施以来，已实施74个商业计划产业发展项目，项目涵盖产前、产中和产后等价值链不同环节，涉及茶叶、中药材、畜牧、食用菌、蚕桑、魔芋、蔬菜等特色产业生产加工、农产品营销体系和全产业链融合发展项目，覆盖全县 20 个镇、127 个村，约 1.7 万户 5 万余人，带动脱贫户约 0.7 万户 1.7 万余人。

特别是在 2021 年项目中期进行优化调整，加强对产后端的支持后，使当地农业特色产业的发展获得了新的动力，初步形成全方位、高质量的农业经营支持体系。镇巴腊肉、毛尖、大黄、天麻、黑木耳、花魔芋、树花菜、香菇等一批镇巴县独具特色的地理标志产品的品牌影响力逐渐增强，也帮助企业形成集群效应，对接中大型高端市场的能力明显增强，镇巴县具有地方特色的农副产品通过营销平台销往全国各地大中城市。同时，采取提升质量标准、产品包装设计、建立追溯体系、改变营销模式等措施后，传统的农产品产生非常明显的溢价效益，从农户到企业都能得到更合理的回报。

经验与启示

（1）通过企业资源整合和优势互补，建立全产业链融合发展的营销网络，是帮助农村产业做大、做强的有效手段。近年来，镇巴县特色农产品企业的市场探索经历证明，农村企业要走出深山，只有通过资源整合、改变营销模式，才能有效地对接大市场。这一方面需要企业之间通过优势互补和资源共享建立集群效应；另一方面需要依靠政府部门结合当地资源特色，推广地域品牌，加强农副产品质量标准建设和质量监管，注重全产业链融合发展，为企业提供更大的发展平台。

（2）小农户通过融入全产业链融合发展的价值链，提升产品品质是对接中高端大市场的有效途径。目前处于从脱贫攻坚到乡村振兴的接续阶段，保证已经脱贫的贫困户不再返贫的关键是要帮助小农户建立稳定的产销体系，但是传统的小农户生产模式很难解决市场问题，小农户应对市场风险的能力也比较弱。小农户通过与当地具有全产业链融合发展能力的企业合作，借助企业建立的营销网络才能对接大市场，实现稳定持续的盈利。

（3）借助全产业链融合发展模式，建立现代新型乡村企业是吸引知识青年投入乡村振兴发展事业的必然选择。

近年来，镇巴县在国际农业发展基金项目中实施特殊类型商业计划书，参与市场营销、网络直播、品牌建设、数字农业等项目以年轻人为主，特别是那些在外打工多年、学习大城市市场经验回乡创业的年轻人，他们有知识、有魄力，已经不能满足于以前传统的小农户生产方式。而这些年轻人的加入也显著带动当地农户的观念转变和持续增收。

———— 真实故事 ————

"千禾农仓"农产品网络销售主播张正平家住镇巴县兴隆镇黑水塘村，是两个孩子的妈妈。她以前在家以种植蔬菜为主，年收入只有1万多元。2021年8月，她报名加入千禾农仓，尝试在各大直播平台推销千禾农仓推选的镇巴优质土特农产品。短短不到一年时间，她的直播账号粉丝将近20万人，平均月销售额达到70万~80万元。看到自己能够把家乡的父老乡亲种植的健康绿色农产品卖到北京、上海等全国大中城市，她获得更多的喜悦和成就感。

千禾农仓网络主播"太阳姐姐"张正平在直播卖货

成熟后现代社会发展阶段推动乡村振兴的经验与启示
——多元主体推动香港特区文旅融合发展和古村落保护案例

案例类型：旅游减贫
关 键 词：古村落保护，文旅产业，乡村振兴
提交机构：清华大学公共管理学院

摘要

拥有超过300年历史的荔枝窝村，是中国香港特区历史最悠久和保存最完整的客家原住民村落之一。随着香港特区进入经济发达的成熟后现代社会，村民相继迁往城市或移居海外，导致农田荒废、村落衰败。2013年，由社会组织发起、大学参与、企业推动的"永续荔枝窝计划"让古村落重新焕发生机，在各方资金和专业团体的支持下，九大复耕项目和来自城市的新农户营造全新的乡郊文化景观。2020年，荔枝窝荣获联合国可持续发展贡献奖，成为蜚声国际的可持续发展典范。该案例主要探讨经济发达城市周边乡村的振兴机制，为中国和世界乡村振兴提供启示和参考。

背景

香港特区是我国社会经济发展领先的国际化大都市，然而繁华热闹的都市只是其一个侧面：25%的土地承载着香港700多万人口，而75%的土地散落着700多个乡村，至今仍处于荒芜。

该案例中的荔枝窝村是有着超过300年历史的客家原住民村落，生态资源丰富，但交通极为不便。2013年社会组织进驻荔枝窝开启复村前，由于缺乏内生的领导力，发展资源要素不足及配置不当，荔枝窝村已经荒废近半个世纪。

项目实施

从2013年开始，香港乡郊基金有限公司、香港大学等在荔枝窝开展长达10年的乡村复兴实践，打破乡村生态保护和经济发展之间的二元对立，探索出一条二者兼顾的路径，使荔枝窝村从一个无人荒村成为蜚声国际的可持续发展楷模。荔枝窝不仅推动政府的乡村发展政策，而且被联合国推荐为乡村可持续发展的全球典范。

1. 以领导力供给启动初始发展

2013年，荒村荔枝窝吸引了以香港乡郊基金有限公司、香港大学为代表的外来组织进驻，获得企业资金支持开展"永续荔枝窝计划"，通过农地复耕开启复村进程。

一方面，积极与海内外原居民开展对话，争取原居民的信任及支持。通过有限的整理业权、租赁农地，暂时解决了农地重新利用、恢复耕种的问题，带动新村民和原居民的回流。另一方面，利用个人和团队声誉、关系网络，引入多个专业的社会组织和企业参与，与原居民组成集体行动主体，搭建荔枝窝复村的重要班子，以协同治理理念为行动指南，以实现可持续发展为宗旨，形成专业的复耕团队。

2. 以协同治理促进共同行动

2017年，为期4年的"永续荔枝窝计划"告一段落。第一阶段的成功复村使外来组织争取到"香港赛马会行政长官社会资助计划"拨款5000万港元开展"荔枝窝客家生活体验村"计划（以下称"民宿项目"），通过与荔枝窝原居民合作复修村屋，保留客家建筑风格，改造成有现代化设施的民宿，为荔枝窝带来更多人气，并推动政府投入当地的基建配套。

为争取原居民支持、化解利益冲突和意见分歧，以协同治理为核心，外来组织协助创建两个治理主体：一是依法建立村委会性质的议事平台，通过村内家族推选方式赋予村委管治权力；二是依法创办非营利社会企业，负责策划荔枝窝经济发展和吸纳外界资源。此外，民宿项目在申请经营许可证时遇到的难题也促使不同政府部门之间协同合作、拆墙松绑，积极推动探索适用于乡村场景的法规制度。通过建立协同参与机制，加强协商和对话，形成共同理念，促进不同主体之间共同行动。

3. 以要素整合实现乡村可持续发展

荔枝窝的复村道路以整合、利用土地资源为依托，以保护生态为准则，通过引入专业人才、社会资金，先后开展复耕、民宿两个项目，促进荔枝窝乡村文化旅游产业，带动住宿、餐饮和在地体验，为游客、市民提供观光休闲、生活体验等服务，也为生活在村内的新老村民提供工作机会和收入来源，初步实现农业、轻加工和服务业的全面发展。这也是荔枝窝实现生态可持续、社会可持续和经济可持续的关键。此外，通过构建乡村自治组织、提高自治水平，为乡村可持续发展提供持久的内生动力。

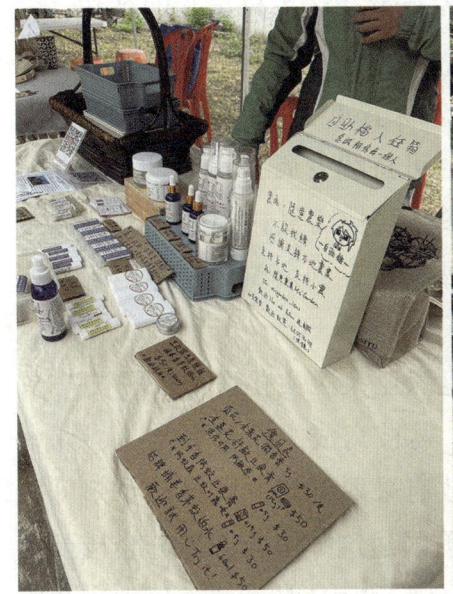

荔枝窝村的周末小集市

成效

　　荔枝窝成功复村吸引近 30 名常住人口，其中包括新村民和回流的原居民，营造一个生态友善社区，复耕 5 公顷农地，打造多个荔枝窝本土品牌。复村前 4 年即吸引累计超过 1.5 万名来自各行各业的人士参与当地的各项社区活动。

　　2016 年，世界最大的私人旅游指南《孤独星球》将荔枝窝评为"2016 年全亚洲必去的旅游地点第五位"。"永续荔枝窝计划"被联合国"赤道倡议"[1]收入其数据库，成为向世界展示的优秀乡村永续发展样板。

---

　　[1] "赤道倡议"是联合国开发计划署牵头的伙伴关系项目，汇聚联合国机构、各国政府、社会团体、商界和民间组织，旨在为人类、自然和社区提供定制化可持续发展方案。

荔枝窝复兴的成功使其成为香港特区乡村振兴的名片，为香港特区乡村振兴带来新动力，推动特区政府乡村发展政策。2018年，香港特区政府成立乡郊保育办公室，并预留10亿港元专项资助资金，支持偏远乡村可持续发展，其中以5亿港元成立"乡郊保育资助计划"，参照荔枝窝复村模式，支持非营利组织与村民合作开展乡村发展项目，剩余5亿港元用于小型乡村基建改善工程。

2020年，"联合国教科文组织亚太区文化遗产保护奖"首设"可持续发展特别贡献奖"，荔枝窝成为获奖者之一，评审委员会盛赞社会组织、村民、政府采取创新方式推动乡郊可持续发展。2021年，荔枝窝获得美国建筑师协会香港分会授予的"特别嘉许奖2021"，以表彰"个人和团体持续协作保护这个历史悠久的客家围村"。

经验与启示

虽然荔枝窝是成熟后现代社会的乡村振兴案例，但它反映的乡村衰败成因具有世界范围的普遍性和典型性。其振兴路径对内地具有借鉴性和启发性。

（1）荔枝窝的实践体现领导力供给对乡村振兴的核心价值。香港特区的乡村发展面临困境。由社会组织带来的外来领导力可打破乡村振兴的初始困局。有效的领导力促成乡村治理共同体建立是核心，让荔枝窝的众多行动主体，包括原居民、来自城市的新村民、社会组织，能够达成共识、建立信任，形成集体行动。

（2）荔枝窝的实践体现协同治理是实现乡村振兴的基本路径。香港特区的乡村活跃着不同行动主体，为乡村带来资源、注入活力，推动政府从观望者变成参与者。围绕多元主体协同发力，形成共同的理念，规范参与方式，发挥各自的比较优势，形成协同治理新格局，进而深入挖掘乡村功能，乡村振兴的进程一定能进一步加快。

（3）荔枝窝的实践体现了乡村振兴中以城乡融合激发乡村功能的重要意义。荔枝窝的自然生态和经济文化功能，一旦与繁华的香港都市形成互补互动，即实现了人才回流、产业发展和乡村活力。立足乡村自身特色，通过以城带乡、城乡融合，乡村蕴含的历史文化生态价值将焕发出新的生机。

校地合作研发推广藻类养殖技术
——宁波大学产业帮扶案例

案例类型：产业减贫
关 键 词：紫菜产业，藻类养殖
提交机构：宁波大学

摘要

虽然苍南近海水质清新，浅海滩涂资源丰富，水产养殖条件得天独厚，但由于信息闭塞，科技推广不足，当地养民的技能学习和培训渠道少，导致紫菜养殖的产出比低，经济效益差，多地村镇养民处于贫困线生活水平。宁波大学藻类团队发挥自身科研优势，培育紫菜良种，规范养殖技术，推广机械设备，通过技术创新和标准化生产手段，有效解决苍南紫菜的病害、品质不稳定、产量低下等问题，促进苍南紫菜产业快速发展，建设苍南特色农业与重要支柱产业，在减贫增收方面产生良好的效果。

背景

苍南县是浙江省传统的紫菜养殖区，养民多采取传统粗放和经验式的养殖方法进行紫菜生产，且由于多山地形造成很多村镇之间交通不畅，信息闭塞，养殖技术落后、更新换代速度慢，常导致紫菜歉收，经济收益低，部分养民生活处于贫困线以下。为了让苍南县能尽快发展特色产业、摆脱贫困，宁波大学藻类团队将水产养殖方面的知识和技术传播到苍南县3个镇15个村，结合当地传统紫菜养殖需求，培育高产量的紫菜良种，指导、提高养民的紫菜养殖技术和水平，发展标准化、规范化和全程机械化的紫菜产业，帮助苍南县摆脱贫困、致富养民。

项目实施

针对苍南县土地稀缺、交通不便、沿海经济落后等实际情况，大力发展海洋紫菜产业实现产业振兴。宁波大学组建了一支紫菜育苗与养殖技术帮扶团队，手把手传授给贫困户紫菜育苗与养殖技术，从小镇试点到沿海推广，苍南县紫菜养殖产业形成规模，帮助当地贫困户脱贫致富。

1. 因地制宜，规划海区

苍南县近海水质清新，盐度适中，年平均气温17.9℃，浅海滩涂资源丰富，水产养殖条件得天独厚。从1970年起，苍南县就成为浙江省传统的紫菜养殖区，但由于养殖海区管理较为粗放，普遍存在超范围养殖、只占不养、占用航道等行为，使企业投资找不到适养海区。从1992年起，宁波大学藻类团队在当地政府及相关管理部门，特别是苍南县科学技术局、苍南县水产研究所等单位的带领下，配合并积极提供海区规划方案，帮助养民进行海区养殖筏架和网帘布局，升级养民海区养殖设施。

2. 良种培育，示范推广

宁波大学发挥学科和人才优势，建立宁波大学—苍南县人民政府海水养殖及综合利用技术服务平台，以紫菜为脱贫突破口，组建以骆其君教授为首的藻类养殖技术扶贫团队，长期扎根苍南县，提升、发展当地紫菜养殖产业。根据苍南紫菜产业发展水平、水域环境特点和养户养殖习惯等实际情况，宁波大学藻类团队与浙江省海洋水产养殖研究所合力开展良种选育工作，历经18年艰苦工作，育成的坛紫菜"浙东1号"新品种具有生长快、叶片厚的特点，与苍南县南门港紫菜养殖专业合作社等单位联合示范推广"浙东1号"，紫菜收益提高20%以上。经过30年的扎根工作，苍南的紫菜养殖面积从1992年的8000亩扩大到现在的5.8万亩，产值从1000万元提高到2.5亿元，增幅达到25倍，养殖效果显著。

3. 技术扶贫，设备提升

宁波大学藻类团队从育苗和栽培等关键技术入手，解决紫菜产量不理想的问题。通过采苗密度控制技术、重网出苗法、冷藏网技术、换网分批养成技术，提高出苗率，增加预期产量和收益。2022年，实现紫菜栽培产量比2021年预期提高20%，冷藏网养成后紫菜的效益同比提高15%以上。为了提高紫菜采收效率，该团队完成《坛紫菜采收技术规范》和《坛紫菜收割机操作规范》，编制坛紫菜采收机的企业标准。引进紫菜栽培配套的机械化采收机，通过整村推动，带动沿浦镇当地养殖户的技术提升产生辐射效应。

4. 注重培训，推广技术

根据苍南县当地养农实际生产需求，开展多形式、多内容、多层次的技术培训和现场指导。在苍南县水产研究所的组织下，宁波大学骆其君教授多次在赤溪镇、沿浦镇等就苗种生产、壳孢子质量鉴别、海区采苗、挂帘干出、冷藏网技术、应急采收、精深加工、品牌质量建设等进行针对性培训，协助养民走出家门进行交流学习，提高养民的技术技能。30余年里，骆其君教授共开展百余场技术培训,培训人数达千余人,对接养民提供技术咨询服务和生产技术指导。养民在骆其君教授的帮助下,掌握紫菜的精准培育和栽培技术,使优质苗种的育成率超过传统方法的10%。

5. 助推紫菜全产业链数字化管理

2020年,苍南县积极推进紫菜全产业链大数据云平台建设,它是集生产、销售与监管于一体的数据化管理平台。在苍南县农业农村局的推动下,团队承担"苍南县紫菜全产业链数字化建设实施方案"项目,为平台项目编写《苍南县紫菜全产业链大数据管理平台项目建设方案》,该方案涉及养殖设施、紫菜状态、养殖海区范围、水质信息、紫菜收成等方面,为苍南紫菜大数据项目提供技术服务。同时,配合项目实施单位,选择有基础的紫菜生产基地和经营主体,开展数字农业示范基地创建试点工作,为苍南紫菜数字化、智慧农业提供更好的技术和信息支持。配合政府工作,帮助紫菜生产企业进行数字化应用,协调紫菜加工企业进行数字化装备升级,实现紫菜全产业链数字化管理,推动紫菜产业大发展。

成效

在宁波大学藻类团队的努力下,苍南县紫菜产业发展势头良好,经济效益与社会效益凸显,通过服务农业助力乡村振兴和共同富裕,带领贫困户探索出一条紫菜产业脱贫之路。

(1) 贫困户经济收入实现高增长。30年来,随着帮扶项目和科技特派员工作的落实,与苍南县赤溪、大渔、沿浦等村镇紫菜养殖合作社合作,指导紫菜育苗与栽培工作,扭转传统养殖模式粗而乱的现象,助力紫菜产业转型升级,每亩鲜紫菜产量大约1.2吨，合计收益4300元。截至2022年年底，苍南县紫菜养殖项目共覆盖3个镇近15个村，为苍南县赤溪、大渔、沿浦等村镇养民提供劳动岗位千余个，开展紫菜养殖技术指导上万人次，培训养殖技术上百场，培养新型职业养民。

（2）促进苍南紫菜养殖产业的规模化发展。通过引进、消化和集成创新技术，推广冷藏网、延伸养殖、精准育苗等多项新型实用技术；培育良种"浙东1号"，引进福建平潭种系、漳浦种系等紫菜优良品系，提供配套的技术服务，利用现有紫菜基地精准采苗、反复试验，并建立适合苍南海域相对完善的管理技术体系；主动参与省、市、县各类科技项目，被聘为苍南县紫菜行业协会高级顾问，为苍南"乡村振兴紫菜产业发展示范"重大产业项目的实施开展提供全方位的技术支撑。

经验与启示

（1）因地制宜，推动特色脱贫产业是根本保障。苍南少平原，多山地，交通多不便利，远离温州市，不能充分受到中心城市的辐射带动作用，导致很多产业无法快速发展。而苍南面临东海，海水质清，浅海滩涂资源丰富，具有无可比拟的水产养殖条件。从1970年起，苍南县就成为浙江省传统的紫菜养殖区，贫困村镇的居民具有一定的紫菜养殖基础。因此，在苍南县大力发展农业现代化的推动下，宁波大学藻类团队发挥自身优势，在苍南县帮扶当地政府和养民开展紫菜养殖工作，大力发展海洋紫菜产业，实现产业振兴，为贫困户带来较多的经济收入。

（2）技术是提高贫困地区和人口经济收入的核心力。苍南县3个镇15个村的核心帮扶点在宁波大学藻类团队的技术指导下，通过30余年的无数次现场指导和几百场技术培训，帮助养民掌握贝壳丝状体育苗技术、冷藏储备优质苗种技术、重网出苗技术、换网分批养成技术、全程机械化生产技术、病害高效防治与应急处理技术等。鼓励养民按照紫菜产业的流程进行生产，从苗种生产（养殖密度的控制）、壳孢子质量鉴别、海区采苗、挂帘干出、应急采收、精深加工、品牌质量建设等方面把控关键生产环节，促进紫菜产业蓬勃发展，并带动养民获得更高收益，进一步增强贫困户的积极性与主观能动性，实现脱贫致富。

真实故事

大渔镇大岙心村养民张维钦以前只能在自己田地里种植蔬菜瓜果，每亩年收入不到1000元。从加入大岙心水产养殖合作社后，依靠合作社的助力和宁波大学藻类团队的育苗养殖技术指导，张维钦开始养殖紫菜，育苗面积3000亩，养殖规模达到百余亩，每年收入约达到30万元，扣除前期育苗与养殖直接投入成本12万元，每年收入能达到18万元左右。

授人以渔赋能困境青年

——中国乡村发展基金会尼泊尔青年职业培训项目案例

案例类型：教育减贫

关 键 词：职业培训，内生动力，体面工作，国家级职业技能资格认证

提交机构：中国乡村发展基金会

摘要

针对尼泊尔贫困青年因缺少职业技能而生计无依的困境及由此引发的高失业率、劳动力向海外流失等社会问题，中国乡村发展基金会（原中国扶贫基金会）设计尼泊尔青年职业培训项目。该项目通过提供当地紧缺的职业技能培训课程和职业证书考试机会，使参训青年拥有一技之长，可凭职业证书在当地获得就业机会，改善生活条件，同时助力尼泊尔经济发展和国家建设。该项目已经在尼泊尔实施4年，在北京老牛兄妹公益基金会和北京大鸢翔宇慈善基金会的资金支持下，惠及尼泊尔3个省份的7个行政区，为400名有志于从事技术工作的贫困青年提供职业技能培训，帮助他们自力更生。

背景

尼泊尔每年有50万名年轻人（含未读完免费教育的辍学生）进入社会，其中35.35%的青年由于缺少职业技能难以找到固定的工作和拥有稳定的经济来源。此外，根据世界银行2021年的数据，尼泊尔22.7%的国民收入来自海外务工。一方面，尼泊尔本土急需高效、有技能的劳动力来支持本国经济的发展；另一方面，由于贫困家庭生活需要，每年约有24万名刚到就业年龄、没有经过任何职业培训的年轻人去往海外，从事洗车、清洁工、保安和垃圾处理等低技能工种来维持生计。这使当地劳动力大量流失，经济发展陷入恶性循环。造成这一局面的主要原因就是贫困家庭的儿童、青少年无法获得充分的教育和培训机会。

北京大鸾翔宇慈善基金会通过中国乡村发展基金会在尼泊尔开展的青年蔬菜职业培训项目进行授课

项目实施

2019年9月，中国扶贫基金会驻尼泊尔办公室依托基金会国际化发展战略，启动尼泊尔青年职业培训项目并试点成功。截至2023年4月，尼泊尔3个省份的7个行政区共400名有志于从事技术工作的贫困青年，参与该项目支持下的职业技能培训。

1. 组织架构

尼泊尔青年职业培训项目由北京老牛兄妹公益基金会和北京大鸾翔宇慈善基金会提供资金支持，由中国扶贫基金会驻尼泊尔办公室负责项目设计与全流程管理。该项目整合尼泊尔当地政府、培训机构和企业等社会资源，分工明确的同时相互支持，保障项目顺利实施。

2. 项目流程

（1）招标采购培训机构。甄选符合项目要求的培训机构是保证项目执行效果的关键环节。该项目设计时充分考虑到当地政策法规，对具有尼泊尔教育部职业教育司认证资质的培训机构进行招标，并设有培训督导来实现中标机构的常态化监测。

（2）发布学员招募信息。公开发布学员招募信息确保该项目的透明与公平。中国乡村发展基金会在当地主流报纸上发布为期20天的报名公告，并留下联系方式，使潜在受益人有充足的时间查看和咨询报名信息。学员招募主要参考以下标准：15~35岁，无法获得职业教育的贫困青年；有所在社区的推荐信；特殊群体或女性优先。

（3）学员笔试、面试。入学测试是保证项目效果的必要环节。项目人员将综合考虑一些因素来设计测试内容，如项目的性质要求受益人有一定的文化基础才能学习技术培训中的理论课程、面试中将对受益人的年龄和经济状况依据项目标准进行筛选等。

北京老牛兄妹公益基金会资助的青年职业培训项目中水暖工课程的学习现场

（4）启动仪式。启动仪式是项目传播的重要形式。仪式邀请当地主管部门的官员和项目利益相关方代表共同见证项目的启动，并在当地媒体进行同步报道以扩大项目的影响力。同时，仪式还邀请当地中资企业代表出席，为之后链接学员就业打下基础。

（5）培训与实习。为期3个月的理论培训与实践培训是项目的核心内容。培训全程设项目督导，对学习进展进行监测，以便随时了解学员的培训效果及培训机构的工作质量。根据培训性质和进度，项目负责人会安排学员进行实习与访学活动，帮助学员明确工作前景和进行职业规划。

（6）结业考试和获取证书。学员顺利考取职业资格证书是项目效果的绝佳体现。完成3个月的培训后，学员将参加由CTEVT举办的职业资格考试，截至目前受训学员的考试通过率高达90%。对于暂时未能考取证书的学员，项目也视情况为其延长受训时间，并提供补考机会。

（7）链接就业。辅助学员获得就业机会是项目的人性化设计。从启动仪式开始，中国乡村发展基金会就着手通过传播活动使利益相关方，尤其是潜在雇主对项目有所了解，并在培训过程中通过实习和企业参观等环节使学员了解培训后的就业前景，以调动他们的学习积极性。一般来说，结业学员凭借职业资格证书将有较强的竞争力。

成效

（1）项目助力当地实现联合国消除贫困和体面工作两项可持续发展目标。据世界银行统计，2021年尼泊尔人均GDP为1208.2美元，31.2%的人口的生活处于贫困线（每天收入为1.9~3.2美元），属于最不发达国家行列。而尼泊尔的一项薪资调查显示，技术劳工的平均年收入可达955 738卢比（约合7279.8美元）。该项目受益人凭借国家认可的职业资格证书，无论是就业、自雇还是创业，均有较大的优势，即使选择海外务工，也可以增加职业选择，收入成倍增长。

（2）项目产生多层次涟漪式的积极影响。一是项目精准帮扶无力继续学业和缺少职业技能的尼泊尔青年获得一技之长，为当地劳动力市场注入活力，促进当地经济发展。二是项目有着较强的示范性，项目受益人通过职业培训改变生活水平的经历会成为项目的活招牌。一方面，扩大项目自身的影响力；另一方面，启示一些受过培训的年轻人在具有一定经济实力后，通过高一级培训追求职业进步。三是项目体现了中国"授人以鱼，不如授人以渔"的传统助人哲学，在项目交流中促进民心相通、获得价值认可，助力构建人类命运共同体。

(3) 项目受到中尼两国社会各界的好评与支持。2022年11月，该项目得到北京大鸾翔宇慈善基金会周秉德女士的资金支持，将恩来青年赋能项目从中国引入尼泊尔。尼泊尔国会议员、体育部部长拉简（Rajan·Kc）、尼泊尔明星拉卡斯哈穆尔（Mahanayak Rajesh Hamal）都对项目给予大力支持。2023年蔬菜种植培训开始后，尼泊尔成功蔬菜公司为项目提供产供销支持，项目地政府动员农户提供120亩土地作为试验田，来配合该项目的实施。

经验与启示

1. "授人以鱼，不如授人以渔"减贫理念在海外的成功实践

尼泊尔青年职业培训项目注重对受助对象内生能力的培养，是一次结合中国政府和中国乡村发展基金会职业培训方面经验在海外践行"授人以鱼，不如授人以渔"减贫理念的成功实践。首先，尼泊尔青年职业培训项目是一个发展型项目，其性质要求执行方在项目地进行深耕，充分了解当地的社会需求、调动多种资源。这对社会组织的海外执行能力提升是一次很好的锻炼。其次，该项目的成功试点为推广项目模式打下了实践基础，有利于下一步筹款和形成规模。最后，项目的设计为受益人激发自身的发展潜力提供平台与助力，真正提高其职业技能，获得长久的生计，为当地经济健康发展作出贡献。

蔬菜职业培训项目田间试验示范课后，学员们开展实践活动

2. 培养当地 NGO，提升中国减贫经验输出海外的执行力

中国乡村发展基金会在尼泊尔注册国别办公室已有 8 年，曾与许多当地 NGO 进行项目合作，现已形成较为固定的合作网络。部分合作伙伴从承担单个项目的执行工作，成长为有能力执行多类型项目的综合 NGO，其能力在实践中稳步提升，管理也更为规范。尼泊尔青年职业培训项目已经开展 4 年，作为一个长期项目，它对执行合作伙伴的综合能力要求更高。能够完成该项目一系列标准流程的 NGO 无疑是可靠的合作者，其从中获得发展空间的同时，也成为社会组织提升海外项目执行力的重要方式，使更复杂的项目尝试成为可能。充分培养当地 NGO

有利于把中国减贫和乡村发展的经验更好地向海外输出,助力实现联合国 2030 年可持续发展目标。

---- 真实故事 ----

迪利普小学毕业后,由于家庭贫困而无力继续完成学业,一直在家里和母亲务农,生活窘迫。2021 年 9 月,迪利普通过考试获得 CTEVT 颁发的职业资格证书。迪利普说,3 个月的高强度技能培训不仅让他学会电工技术,而且让他产生职业兴趣。这帮助他建立了自信。学习之余,周围的邻居经常请他安装电路,很快社区便离不开他了。刚开始,他每次只有 1000 卢比的酬劳,现在他拥有自己的小电器商店,并承接社区房屋布线及电力维护工作,每次上门服务已经可以获得 2000 卢比以上的收入。新工作让全家都有了盼头,一家人其乐融融。"真的很感谢项目帮助我学习技术、自食其力。希望未来,项目还能开设高级培训班,让我有机会进一步提高技能。"在回访中,许多像迪利普一样的年轻人都这样憧憬着。

体育赛事助力乡村全面振兴
——贵州省台江县台盘村"村BA"案例

案例类型： 乡村振兴
关 键 词： 体育赛事，村BA
提交机构： 中央农业广播电视学校、中国农民体育协会

摘要

2022年夏天，贵州省台江县台盘村的乡村篮球赛事几乎在一夜之间火爆出圈，被全球网友亲切冠以"村BA"之名。别具一格的乡村篮球赛、特色文化迅速带火当地乡村旅游和特色产业，促进乡村发展。台江县生动诠释农民体育在乡村振兴中发挥的作用，充分展示当地农民群众实现脱贫后的自豪感、获得感和幸福感，开辟乡村体育和文化"同振共兴"的新路径，成为贵州省及黔东南苗族侗族自治州（以下简称"黔东南州"）奋力推进巩固拓展脱贫攻坚成果同乡村振兴有效衔接的缩影。

背景

台盘村是台江县较大的农村商贸集散地，每周来自四面八方的商人都集中在这里进行贸易活动。20世纪90年代，一部分村民因此富起来。那时，乡村篮球赛参与人数不多，聚众打麻将、酗酒、闹事的事情不时发生。虽然农民群众的物质生活

有所改善,村里也组织篮球赛等体育活动,但在精神文明建设方面仍存在短板。很多村民初中毕业就外出务工,只在逢年过节返乡,村里多是老弱妇孺,体育文化活动常年匮乏,甚至一度出现田地撂荒无人耕种、个别留守在家的老弱病残妇孺无人关心等情况,严重制约着台盘村的经济社会发展。

项目实施

台盘村于1968年首次自发举办篮球赛,篮球赛持续半个多世纪,2020年受新冠疫情影响停办两年,2022年农历"六月六"吃新节前后再次启动,在贵州省"美丽乡村"篮球联赛黔东南州半决赛和佛黔协作美丽乡村篮球交流赛的助力加持下,共有176支球队按村村组、中年组、少年组和女子组分别报名参赛。赛事没有政府参与,完全由群众自发组织、自发参与,最后3天比赛从上午9点一直打到凌晨3点,决赛颁奖典礼结束后已是凌晨5点,形成台盘村当地的"天亮文化"。不到1个月,这个"村"味十足的农民篮球赛事创造全网近15亿人次的"现象级"传播。"村BA"爆火出圈后,台盘村按照"以赛助旅、以赛扶产"的思路,充分运用体育赛事活动流量和热度,擦亮民族文化和生态环境两张名片,筹集资金改扩建球场,通过文旅引流拉动地方消费,不断丰富文旅业态,做优农特产业,有效带动全村272户群众共同增收致富。

1. 扩大改建,容量翻番

台盘村先后完成354.2平方米看台主体扩建、1390平方米球场翻新、136平方米多媒体工作室修建,观众容量由原来的1万人提高至2万多人。

2. 美化环境,增加摊位

重新铺设雨水、污水管道,地面硬化面积约5800平方米,新增环"村BA"球场沥青道路210米、看台踏步扶手290米、绿化草皮620平方米、活动护栏108米，建成摊位90个。球场周边整体环境得到改善。

3. 有效巩固，脱贫攻坚

结合深化推进"资产变资源、资金变股金、农民变股东"的"三变"改革，成立村合作社牵头带动产业发展，采取"村集体+企业（合作社）+农户"的运作模式，重点发展精品水果、果药蜂菌等优势产业，有效保障脱贫户有稳定的收入来源，实现集体经济不断壮大、脱贫户持续分红。通过利益联结机制覆盖全村71户脱贫户，实现户均增收1000多元。

"美丽乡村"篮球联赛现场1

4. 多策并用，提高收入

持续发挥好"村BA"品牌效应。2022年，台盘村系列篮球赛事受到中央、省、州各大媒体相继关注，网络传播量近15亿人次，媒体报道稿件368万余篇，赛事期间共接待游客50余万人次，直接拉动台盘乡餐饮等行业消费4000万元以上。同时，借势网红流量，房屋出租、土地流转均出现供不应求的情况，村里农户手中的闲置资产得到充分盘活。

成效

1. 以赛促文，推动民族文化传承

在比赛中场休息环节，精心组织民族文化展示活动和节目表演，既有现代元素的啦啦操、广场舞，又有民族特色的芦笙舞、反排木鼓舞，将体育赛事与民族文化巧妙融合，球场秒变"乡村大舞台"。在让观众沉浸式体验体育竞技精神的同时，享受台江原汁原味的民族文化盛宴，不仅增强赛事的趣味性和观赏性，而且生动呈现体育文化在互动传承中接地气、聚人气、扬正气、显和气的丰硕成果。

2. 以赛促健，带动全民健身运动

"多一个球场，少一个赌场"的认知深入人心，乡村篮球赛等体育赛事活动引领越来越多的农民群众参与健身活动。过去，村里很多人打牌赌钱，健康意识淡薄，一些人甚至早早得了慢性病。现在，篮球赛使村民自发地离开麻将桌，增强健身意识，减少去医院的次数，有效防止因病返贫，极大地丰富农民群众的精神文化生活。据不完全统计，黔东南州每年举办的体育赛事活动超过500场，直接参与人数达到100万人次以上，农村的社会风气、文明程度得到有效改善。

"美丽乡村"篮球联赛现场 2

3. 以赛促销，拉动当地经济发展

篮球赛场的火热持续引领消费市场的火爆，推动当地衣、食、住、行及文创、刺绣等行业发展迭创高峰，有力促进农民增收，有效巩固拓展脱贫攻坚成果同乡村振兴有效衔接。据统计，2022 年农村居民人均纯收入 16 692 元，较 2021 年的 13 286 元同比增长 25.64%。赛事有效带动当地苗族刺绣文化产业发展，妇女在闲暇之余接受订单，增加收入。黄平黄牛、榕江香羊、从江香猪、榕江西瓜和百香果、果蔬脆等具有地域标识的"黔货"作为赛事奖品，打出品牌知名度，拓宽当地农产品的销售渠道，促进台盘村经济发展。

经验与启示

"村BA"的火爆反映出农民群众对精神文化生活的强烈渴求和对美好生活的向往。台江县规范引导"村BA"群众体育赛事，谋划带动区域经济发展，顺应农民群众对精神文化生活的需求，契合建设"宜居宜业和美乡村"的要求，成功探索出体育助力乡村全面振兴、促进物质文明与精神文明共同繁荣的路径。

1. 坚持农民在赛事活动中的主体性

台江"村BA"坚持村民的主体地位，立足于自发举办、共同管理，既降低赛事成本，又发挥村民的自治性，使这一群众体育赛事具有顽强的生命力。通过各大媒体直播和新媒体平台媒介传播，将全国各地的观众汇聚起来，营造浓厚的群众体育赛事氛围。当地政府对"村BA"球场场地设施进行更新完善，配套美化周边环境，并坚持多听群众意见，保留乡村篮球赛的"土味"，保持原有风貌，完善自治管理，为持续办好"村BA"奠定坚实基础。

2. 促进体育赛事与乡村文化深度融合

"民族的就是世界的。"台江"村BA"充分发挥地方传统文化、民族特色文化在体育赛事中的重要作用，在比赛间隙穿插极具民族特色的台江县苗族飞歌、多声部情歌、丹寨锦鸡舞等民族歌舞，将猪脚、鸭子、西瓜等当地农特产品作为参与互动的群众奖品，以黄牛、香羊、香猪等地标产品作为比赛奖品的做法，既接地气又广受群众欢迎，又体现十分浓郁、富有魅力的地方特色民族文化和全民深度参与的现场互动式体验，极大地丰富当地农民群众的精神文化生活，给现场和网络观众留下深刻印象，为农民体育事业发展带来全新启示。

3. 持续激发乡村治理的新效能

以举办台盘"村BA"篮球赛为契机，充分利用宣传标语、活动画册、乡村大喇叭、篮球院坝会等多种宣传媒介，积极教育引导群众摒弃铺张浪费、天价彩礼、"薄养厚葬"等陈规陋习，不断推动乡村移风易俗。积极探索基层优化治理模式，全面建立健全村级治理体制机制，激发村民自治治理新效能。当地农民群众纷纷以土地流转的方式参与碧桂园鲟鱼、生生渔业等现代渔业产业项目建设；近430户农户利用"三资平台"信用贷款1890万元，发展养鸡、养鱼等"庭院经济"；500余名返乡人员通过技能培训走上废旧动力电池循环利用产业生产线岗位，纷纷用勤劳的双手创造自己的"小康梦"。在加强文化体育软硬件设施建设的同时，着力推进民族文体活动进校园，使乡村体育、民族文化传承有人。

真实故事

过去，村民邰通和家房前屋后的卫生一直都是村里村容村貌面临的"老大难"问题，村干部多次上门做工作，都收效甚微。"村BA"火爆出圈后，随着越来越多的游客来到台盘村，他开始主动打扫卫生，还说"咱不能给村里丢脸"。如今，随着"村BA"知名度的提高，邰通和家的田地还流转一部分给建设五彩西红柿种植大棚的企业。得到土地流转费的同时，他还到企业和附近的种植基地打零工，生活水平有了显著提高。他时常参加投篮、跑步等体育活动，提振了个人精气神儿。他说："感觉干活都比过去有劲儿多了！"

"活水计划"提升脱贫县域社会组织服务乡村振兴的内生动力
——腾讯公益慈善基金会联合中国乡村发展基金会开发案例

案例类型： 人才振兴

关 键 词： 社会组织，内生动力

提交机构： 腾讯公益慈善基金会

摘要

社会组织是社会资源链接的重要枢纽，是政府民生工作的重要助手。我国脱贫县域部分基层社会组织发育不良，无法为困难群众提供有效帮扶，成为三次分配中资源向脱贫地区倾斜转移的瓶颈。腾讯公益慈善基金会联合中国乡村发展基金会开展"活水计划"，通过强能力、抓项目、聚资源的"活水"导入，系统解决县域基层社会组织存在的资金有限、人才匮乏、能力不足等共性问题。目前，"活水计划"累计支持80个国家乡村振兴重点帮扶县和24个脱贫县的基层社会组织开展专业化建设，实施涵盖特殊困难群体关爱、困难家庭教育就业、乡村人居环境改善、乡村产业发展、搬迁社区安置服务等138个公益项目，通过腾讯公益互联网募捐信息平台累计募款1.39亿元，带动180多万人次爱心支持，有力帮扶10个省（区、市）的上百万名困难群众。

"活水计划"2024年项目培训会现场

背景

进入脱贫攻坚与乡村振兴衔接过渡期,国家乡村振兴重点帮扶县和脱贫县县域基层社会组织在机构专业化建设、提供服务水平和资源动员能力等方面仍存在明显不足,52.55%的基层社会组织没有专业队伍,70%的基层社会组织没有稳定项目,50%以上的基层社会组织年接受捐赠在30万元以下。从接受捐赠资金来看,东部是中部的5.5倍,是西部的2.8倍。对中西部欠发达地区来说,县域基层社会组织的发育不良是三次分配中资源向脱贫地区倾斜转移的瓶颈。

项目实施

在2020—2021年"活水计划"项目试点中,通过对湖北、贵州等6个省24个县(市)基层社会组织进行人才培训、项目设计、资源导入等扶持，累计动员社会捐款总额超过 4500 万元。2022 年 4 月，在国家乡村振兴局的指导下，腾讯公益慈善基金会联合中国扶贫基金会正式启动"活水计划——国家乡村振兴重点帮扶县社会组织赋能行动"（以下简称"乡村振兴'活水计划'"），通过"强能力、抓项目、聚资源"全方位提高县域基层社会组织发展的内生动力，搭建社会力量参与乡村振兴的互联网平台，有效助力共同富裕社会建设。

1. 强能力

针对县域基层社会组织专职人员缺少、运营能力不足的突出问题，乡村振兴"活水计划"提供专项经费支持机构聘用专职工作人员并组建志愿者队伍，打造"模式研究、赋能培训、督导陪伴、专业评估"的全方位能力建设支持体系，着力提升县域基层社会组织在机构规范化管理、项目设计与项目管理、资源动员与资金筹集能力等方面的能力素养。

2. 抓项目

乡村振兴"活水计划"支持县域基层社会组织在当地党委政府领导下，聚焦"产业发展、乡村建设、乡村治理、社会事业"进行专业项目设计、运作，支持每个县打造 1~2 个具有较大社会影响力的公益品牌项目，推动县域社会组织在实战中提高综合能力。

3. 聚资源

乡村振兴"活水计划"重在搭建资源整合平台，依托腾讯公益互联网募捐信息平台的平台优势、技术优势、流量优势，开展常态化和集中性相结合的系列专场募款活动（如"活水计划乡村振兴专场"等），运用"一起捐""小红花"等数字化工具，形成线上线下互促共进的局面，推动公益募捐行动由政府部门、大型企业等向社会大众转移，推动形成"人人公益"的氛围。同时，利用腾讯视频号、腾讯新闻、QQ 浏览器等传播平台对参与各县公益项目进行品牌化传播，助力县域外社会帮扶资源引入。

成效

（1）打造一支扎根本地的规范化、专业化发展的县域基层社会组织队伍。项目实施以来，80 个项目县社会组织普遍招聘 3 名左右专职工作人员，基本实现从业余兼职向专责专岗转变，稳定巩固机构的核心力量。组织开展 23 场能力建设培训，引入 4 家专业督导机构支持，实地开展"一对一""手把手"陪伴辅导，全流程提升社会组织开展困难群众帮扶的项目设计、运营和管理能力。

（2）推出一批服务乡村振兴的公益品牌项目。项目实施以来，按照协助政府解决突出民生难题、提高困难群众自我发展能力的目标，已推出 104 个涵盖特殊困难群体关爱、困难家庭教育就业、乡村人居环境改善、乡村产业发展、搬迁社区安置服务等多维度内容的公益项目，如马边桐华扶智行动、毕节市同心活水工程、沿河防贫济困计划等。

（3）搭建一个社会力量参与乡村振兴的互联网公益平台。项目实施以来，80 个项目县社会组织普遍学会运用互联网筹款工具，而且更加重视微信视频号等新媒体平台的传播动员。2022 年，项目县中近六成机构首次开展互联网筹款，即在腾讯公益互联网募捐信息平台发布公益项目，并运用"一起捐""小红花"等数字化工具。2020—2022 年，腾讯公益慈善基金会联合中国扶贫基金会开展 3 场"活水计划乡村振兴专场"，募集善款 4433.1 万元（其中，公众捐赠 3518.83 万元、腾讯配捐 691.66 万元、中国扶贫基金会配捐 222.61 万元），带动 86

万人次参与。2022年，腾讯公益慈善基金会投入2000万元广告金重点支持61个项目县采用视频号拍摄、传播和联动，超过100家县域基层社会组织联动当地县级融媒体中心开展项目传播，整体传播超1亿曝光。

经验与启示

乡村振兴"活水计划"实际上是一场"传帮带"的赋能行动，发挥好全国性社会组织在链接社会资源、研发项目和开展能力建设方面的丰富经验，帮扶县域基层社会组织发展壮大，在县域公益发展、互联网公益下沉、乡村善治创新等方面具有重要意义。

（1）通过平台链接为县域公益开创新局面。目前，我国公益慈善开始向县域下沉。乡村振兴"活水计划"对处在发展初级阶段的县域基层社会组织而言，加入由国家乡村振兴局指导的全国性项目，并由腾讯公益慈善基金会、中国乡村发展基金会提供平台资源链接，可以有效提升项目县政府对其支持力度，助力其迈好县域公益社会化动员的第一步。通过做活动、搭网络、建品牌"三板斧"，可以有力促进县域基层社会组织向专业化、规范化方向发展，有助于形成"公益在身边、及时可感知"的县域公益新局面。

（2）通过"数字工具应用+线下专场活动组织"为互联网公益下沉开辟新领域。传统公益因为存在慈善需求与资源对接分散低效、公益慈善服务区域发展战略力度不够等问题，使在面对这种细分的慈善需求时往往无从下手。乡村振兴"活水计划"的显著特点是运用互联网数字技术对县域社会组织赋能，通过在腾讯公益互联网募捐信息平台搭建公益项目发布纽带，以"99公益日""乡村振兴专场"等为线下活动抓手，广泛动员县域内外的爱心力量，将普通人的爱心善举通过互联网一点一滴汇聚起来，与当地困难群众的需求进行精准对接，实现精准公益、透明公益和人人公益。

（3）通过深度挖掘当地公益资源为乡村善治开阔新思路。我国传统文化一直强调"德治"在乡村治理中的作用，以引导、教化、感染的方式，达到"润物无声，风化于成"的效果。乡村振兴"活水计划"对县域基层社会组织赋能，以"线上传播+线下动员"的方式营造县域公益氛围，鼓励倡导实施"谁筹款谁受益"的动员策略，大力发展县域内捐赠，改变农民长期以来处于单向接受爱心帮扶的局面，促进形成"人人为我、我为人人"的慈善文化（如贵州纳雍县爱心纳雍公益联合会90%的项目筹款来自本县等），为乡村善治打下坚实的基础。

真实故事

四川省马边彝族自治县扶贫开发协会成立于2006年。由于管理体制和资源条件的限制，该协会长期处于"空转"状态。2020年加入"活水计划"以来，该协会的组织发展内生动力显著提升，新招募专职青年工作人员3人，协调西部计划志愿者1人，通过社会招募和行政动员打造县乡村三级联动的社会工作网络，共计129人参与，覆盖全县113个村（社区）。针对当地因家庭贫困、重男轻女、早婚早嫁等导致适龄儿童失学辍学的问题，尤其是错过最佳入学年龄、重新返校后成为"大龄低年级学生"，策划实施"桐华扶智行动"，充分利用腾讯公益互联网募捐信息平台开展善款筹措，通过开好线下动员会发起"一起捐"、依托县融媒体中心整合外宣资源开展线上动员等方式，3年来累计动员201 035人，捐赠善款11 937 872.22元，累计帮扶困难学生2100多名，有效阻断贫困代际传递。

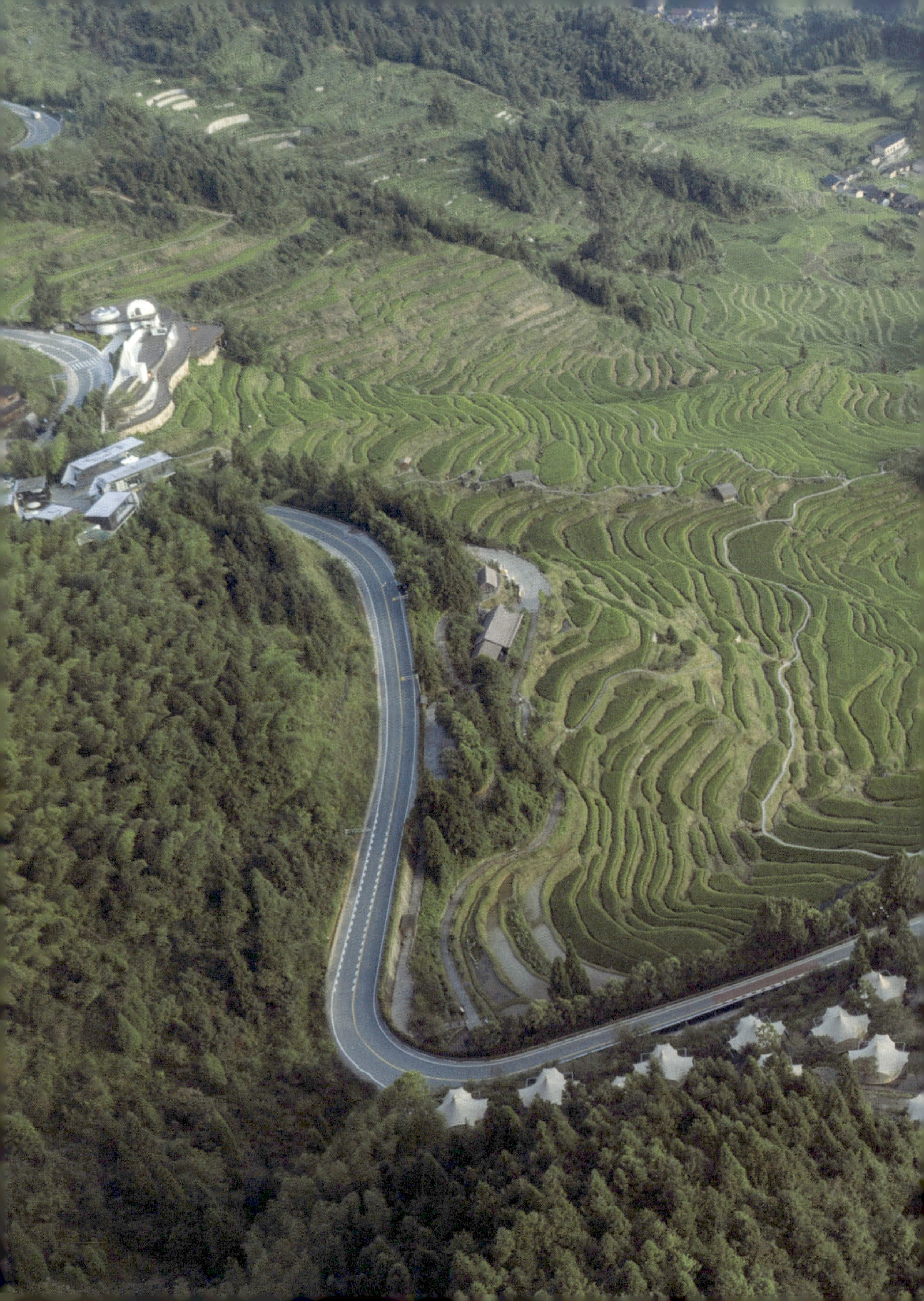

绿色农业

可再生能源技术示范助力东盟海岛居民减贫
——中国水利部农村电气化研究所开展可再生能源帮扶案例

案例类型：生态减贫
关 键 词：可再生能源，东盟国家，电力
提交机构：中国水利部农村电气化研究所

摘要

东盟国家岛屿众多，不少偏远地区及海岛仍然处于无电或严重缺电状态。依托可再生能源及农村电气化浙江省国际科技合作基地，中国水利部农村电气化研究所牵头组织实施"东盟国家海岛可再生能源评估与产能合作示范"项目，通过联合研究、项目示范、能力建设的合作，提高东盟国家海岛能源资源评估与开发技术水平，促进东盟国家海岛能源资源开发利用，建立可再生能源与农村电气化技术转移与培训中心，改善当地居民生产、生活用电条件，促进当地经济社会发展。

背景

东盟十国总人口大约超过6亿人，其中半数以上在农村地区。整个东盟区域内电力尚未完全普及，不少偏远地区及海岛

依然处于无电或缺电状态。菲律宾和印度尼西亚（以下简称"印尼"）是东盟典型的海岛国家，海岛资源的保护、开发与管理已成为两国新的热点，但无论是海岛资源的开发建设，还是岛民的日常生活，都需要可靠的能源作为保障。尤其在偏远的无大电网覆盖的孤立海岛，由于柴油发电成本高昂，所以对风能、太阳能等清洁能源的开发更加迫切。

项目实施

依托可再生能源及农村电气化浙江省国际科技合作基地已有的研发条件和对外合作基础，选择菲律宾和印尼两个典型岛国，通过共享海岛清洁能源的资源评估方法和开发技术，提供适合东盟国家海岛的多能互补分布式供电模式，开展相关仿真与试验研究，建立示范点，提高当地用电水平，建立技术转移与培训中心，并长期开展能力建设服务。

（1）开展水、风、光等可再生能源资源调查评估与海岛能源开发模式适应性分析。该项目对印尼及菲律宾两国的水能、太阳能、风能、海洋能、地热能、生物质能等可再生能源资源开发现状进行分析，了解当地小型水电资源开发规划情况，开展可再生能源资源调查评估。根据印尼及菲律宾等海岛国家经济社会发展特点与电力需求，以及可再生能源资源的特征与分布及开发利用现状，对风能、太阳能、海洋能等3种能源的技术可行性和开发经济性进行分析研究，提出典型区域小型水电资源开发方案。

（2）建立海岛多能互补分布式供电示范点，解决当地人口无电或缺电问题。为缓解印尼、菲律宾等国家岛屿居民的无电或缺电问题，根据东盟国家海岛能源资源分布情况和开发建议，该项目经研究提出以水能为主，综合太阳能、风能等可再生能源共同开发的模式。针对这些海岛地区电网薄弱、发电系统控制调节要求较高等特点，对海岛地区多能互补发电系统配置及稳定性进行研究，搭建海岛电网仿真模型，对不同情况下的不同运行方式进行仿真试验，并开展示范点建设。在印尼和菲律宾分别建立风光水多能互补分布式发电技术示范站，并满足两个示范点多能互补智能控制要求，可通过远程控制进行系统发电演示。多能互补发电系统的建立解决当地村镇无电人口的用电需求，降低用电成本的同时，大大提高岛屿居民的生活质量。

菲律宾一家医院的分布式太阳能发电项目

（3）建立中国—东盟可再生能源与农村电气化技术转移与培训中心，长期指导海岛可再生能源资源开发利用。邀请印尼、柬埔寨、老挝、缅甸、越南等5个东盟国家的36名技术专家参加东盟国家海岛水资源与可再生能源技术培训班，组织专题讲座、专题研讨会，访问调研水利工程及相关设备厂家。开展东盟国家绿色小水电技术线上培训，邀请印尼、菲律宾、马来西亚、柬埔寨、泰国、越南等东盟国家的22名技术专家参加线上研讨。各国参会代表介绍本国海岛可再生能源开发情况，进行深入交流与研讨。

印尼风光水多能互补分布式发电实验平台的箱式小水电机组及现场培训人员

此外，该项目组织东盟国家可再生能源能力建设交流研讨，召开东盟可再生能源人力资源交流合作会、东盟国家可再生能源合作研讨会，对包括东盟国家及共建"一带一路"国家的专家学者进行在线视频交流与回访，共同探讨新形势下东盟国家可再生能源技术合作与能力建设新模式，分享可再生能源绿色发展理念。

为进一步巩固和推广研究成果，在印尼建立中国—东盟可再生能源与农村电气化技术转移与培训中心，不定期开展可再生能源开发利用技术培训，长期指导和开展可再生能源领域联合研究与示范合作，促进当地技术和管理人员提升水、风、光等资源利用技能，推动可再生能源产业技术进步，实现减贫脱贫目标，优化海岛国家能源结构和生态环境，全面提高海岛地区经济社会发展水平。

成效

1. 解决无电人口用电问题

东盟地区电力普及率仅为 80% 左右,大部分偏远海岛并无大电网覆盖,大量无电人口主要集中在偏远的海岛地区。该项目根据印尼和菲律宾的岛屿特点开发了风光水多能互补分布式发电系统,在当地开展适用性技术示范和推广,如在菲律宾建设的示范电站解决了周边 7 个村镇无电人口的用电问题,大大提高岛屿百姓的生活质量和幸福指数。

2. 降低用电成本

大部分东盟国家无电网覆盖地区的海岛居民主要靠柴油发电机供电,用电成本高,如菲律宾马斯巴特岛的柴油发电成本高达 3.44 美元/千瓦·时,而在菲律宾境内风能、太阳能、水能等可再生能源的发电成本均低于 0.1 美元/千瓦·时。该项目在印尼、菲律宾等地建立多能互补分布式发电示范点,其中菲律宾示范点总装机 900 千瓦,为周边村镇进行供电,每年可节约柴油费用约 20 万美元,经济效益显著。

3. 提高用电水平和居民收入

风光水多能互补分布式发电技术的应用不仅有效增加供电量,保证供电小时数和供电质量,还可以结合多能互补与海水淡化、光伏提水农业灌溉等,大大改善海岛居民的生产生活条件。同时,相关研究成果和技术通过示范点应用推广,使周边村镇的农产品加工厂得到充足的电力供应,提高农副产品的产量和质量,并带动当地农作物种植、水产养殖等产业的发展,居民收入大大提高。

印尼风光水多能互补分布式发电实验平台的太阳能风能发电设备

4. 减少污染，改善生态环境

水能、风能和太阳能均是清洁可再生能源，通过风光水多能互补分布式发电等技术研究和示范，合理利用海岛的水、风、光等能源资源，加大清洁能源发电比例，不仅促进当地能源结构转型，助力碳减排，还有效缓解偏远海岛居民依赖柴油发电的现状，大大减少污染排放，海岛生态环境得到有效改善。

5. 加强能力建设，提高技术水平

技术培训与研讨交流有效提高印尼当地工程技术人员开展小水电项目和农村电气化建设的技术能力，有助于促进印尼海岛电网的稳定性，提高用电质量。

经验与启示

1. 充分研究当地的技术适应性

项目实施前应进行调研分析，开展经济技术等方面的可行性研究，设计制订适合当地的示范点建设方案，开展模拟仿真实验，以确保多能互补系统在当地的稳定性和适用性。

2. 加强电力设施建设

将风光水多能互补分布式发电技术应用于偏远农村地区，可以有效增加供电量，提高居民用电水平，改善当地居民生活条件，提高当地产业生产质量和效率，减少用电成本，增加农民收入，减少贫困。

3. 加强技术共享

建立中国—东盟可再生能源与农村电气化技术转移与培训中心，可长期开展可再生能源技术合作与能力建设，提高当地和周边国家可再生能源技术人员的水平，发挥中心区域辐射作用，与其他国家共享示范点建设经验，开展技术推广，可持续性强。

汩汩清泉润人心，苦尽甘来美梦圆
——国家电网巴西苦咸水淡化公益项目案例

案例类型：基础设施建设
关 键 词：苦咸水淡化，饮用水，企业社会责任
提交机构：国家电网巴西电力股份公司

摘要

巴西苦咸水淡化项目是国家电网有限公司结合巴西当地实际开展的社会责任公益项目，具体由国家电网巴西电力股份公司（以下简称"国网巴电公司"）负责实施。该项目为沿线3个当地社区的800多个原住民家庭共计3000余人提供每天80余吨符合世界卫生标准的纯净饮用水，有效解决当地居民长期以来的生活用水紧缺难题。该项目获得中、巴两国政府，当地民众及巴西社会各界的充分肯定和高度赞扬，充分体现中国企业积极履行企业社会责任、造福当地人民的良好国际形象。该项目契合联合国可持续发展倡议，为践行人类命运共同体理念作出积极贡献。

背景

巴西人口和经济活动主要集中在沿海地区，尤其是东南沿海，而东北部地区由于基础设施建设相对落后，经济发展程度较低，居民生活面临诸多挑战。该项目所在的北大河州气候干

旱，常年降水量稀少，而地下水矿物质含量超标，苦涩难以饮用。饮水成为北大河州居民长期以来面临的最大难题。

项目实施

1. 细致调研，优选技术方案

在开展多次现场勘探和技术调研后，国网巴电公司秉持"便捷、创新、绿色、环保"的理念，针对当地实际条件设计了一套智能供水系统，配置处理能力为8.4立方米/小时的集装箱式苦咸水淡化设备，利用"多介质过滤器+保安过滤器"技术实现物理过滤，并采用一级苦咸水反渗透系统实现有效脱盐。为充分利用当地丰富的光照资源，该项目选择光伏发电方式抵消水处理系统用电，在场区设计建设一套装机容量为50千瓦的光伏发电系统，接入当地电网。此外，该项目还设计通过5000米的输水管道把符合标准的清洁饮用水送至3个社区的3个集中取水点，并借鉴当地实践经验挖建蓄水池，对废水进行统一处理。

经公开招标，该项目最终由中国企业承揽建造，带动了中国自主产品和先进技术落地。

2. 排除万难，一心只为健康水

新冠疫情期间，该项目的实施、建设等经受重重考验。该项目团队攻坚克难，积极协调联系各方解决问题，反复考察论证打井位置，形成多套工作方案，最终保证取水成功；全面考察国际货运行情，合理安排路线、运力，实现设备、人员如期抵达。此外，项目团队积极沟通汇报，成功争取到该项目所在市政府税务减免优惠、州环境机构优先审批和环境评估许可发放，并协调当地配电公司加急处理项目接电及光伏并网申请，确保项目建设稳步推进。

俯瞰国网巴西苦咸水淡化公益项目

3. 双向奔赴，打造民心相通第一线

在整个项目建设过程中，社区居民与公司员工心连心，双向奔赴。

2022年年底，该项目临近收尾阶段，最后一个取水点因跨越铁路，需缴纳1万巴西雷亚尔（约合1.5万元人民币）的跨越施工设计审核及人员到场监工费用。此时，该项目已没有剩余的预算。为了不影响项目进展，尽早为社区群众供水，国网巴电公司发起捐款倡议，中方全体员工踊跃捐款，解决了项目"最后一公里"的困难。

该项目建设得到了当地居民的大力支持。近20名施工人员来自当地社区，他们参与这个造福自己社区的公益项目建设。在供水管线开挖和跨越铁路施工期间，项目施工人员经常加班加点干到晚上。当地居民会热心地送来食物和从镇上购买的矿泉水。到了休息日，当地居民也总是邀请施工人员到家里吃饭。居民还主动捐赠 1500 多棵绿植，为项目堤坝进行绿化装扮。

当地居民正在取水

4. 精心筹划、顺利举办项目移交仪式

2023 年 2 月，国家电网巴西苦咸水淡化公益项目在北大河州若昂卡马拉市顺利建成投产，中巴双方正式签署项目移交证书。中国驻巴西大使祝青桥、中国驻累西腓总领事严宇清和巴西北大河州、市两级政府官员等嘉宾出席现场活动并致辞。该项目所在社区居民代表及儿童表演了传统节目，与会嘉宾共同品尝该项目生产的纯净饮用水，一起庆祝项目投产移交。活动结束后，该项目正式移交北大河州政府运维管理。在此之前，国网巴电公司已对当地技术人员进行系统培训，制作详细的运维手册，为后续项目保持稳定运维奠定基础。

成效

1. 社区居民生活得到显著改善

该项目是巴西最大的苦咸水淡化公益项目，带动当地社会就业，成果惠及当地民众。该项目建成后，日均可产出80吨符合世界卫生标准的纯净饮用水，解决当地3个社区800多个原住民家庭3000余人长期以来的生活用水紧缺难题。甘甜纯净的饮用水给居民的生活带来翻天覆地的变化，极大地改善居民的饮水健康水平。多名当地受聘工人表示，为能够亲身参与这个造福自己社区的项目建设感到自豪。

2. 公司品牌形象得到显著提升

该项目采用"新能源+智能一体化供水"技术，光伏发电在充分满足设备用电需要的前提下实现零碳排放，实现了改善民生和践行环保的完美结合。同时，该项目采用中国自主产品和先进技术，由中国企业承揽建设，带动了中国产品和技术"走出去"。该项目在助力当地民生福祉改善的同时，打造了国家电网有限公司在巴西社会公益领域中的新名片，进一步彰显了中国企业在海外履责担当的良好形象。该项目得到包括中央广播电视总台、新华社、人民日报、巴西环球电视网等中巴两国主流媒体，以及北大河州政府、中国驻巴西大使馆等政府机构的广泛报道，有力提升国家电网有限公司的品牌美誉度。

3. 两国友谊得到进一步深化

国家电网巴西苦咸水淡化公益项目是国家电网有限公司响应"一带一路"倡议"民心相通"的公益工程项目。巴西是中国在拉美重要的全面战略合作伙伴。国网巴电公司积极承担企业海外社会责任，主动融入当地，有针对性地为贫困社区居民提供帮助，增进当地居民福祉，为加深两国人民友谊和互信、巩固中巴亲密友好关系作出积极贡献。该项目得到了北大河州、若昂卡马拉市政府的大力支持，获得中国驻巴西大使馆、领事馆的高度肯定，也得到了广大媒体和社会各界的一致好评。

4. 助力联合国可持续发展议程

根据2023年发布的《联合国世界水发展报告》，全球有20亿人（约占世界总人口的26%）没有安全饮用水，36亿人缺乏管理得当的卫生设施。巴西国家新闻社2023年3月20日报道，巴西全国仍有3500万人无法安全地饮水、用水，其中绝大部分集中在北部和东北部。该公益项目解决了3000多名原住民的生活用水难题，是践行联合国可持续发展目标（目标6为清洁饮水和卫生设施）的优秀实践，以实际行动助力落实联合国《2030年可持续发展议程》，为构建人类命运共同体作出积极贡献。

社区儿童喝上甘甜的饮用水

经验与启示

1. 在企业主营业务基础上主动拓展公益服务领域

国网巴电公司在巴西东北部参与新能源项目开发建设，一方面，确保清洁能源安全稳定供应，推动当地经济社会高质量、可持续发展；另一方面帮助当地社区居民实现了"喝上纯净水"的梦想，助力居民摆脱贫困，同时在巴西推广中国技术、中国智慧和中国方案，连接造福巴西人民的"发展带"和"幸福路"。

2. 实现公益捐助项目的可持续性

国家电网巴西苦咸水淡化公益项目改变过去常见的一次性捐赠行为，通过与当地州政府及社区协商，由国网巴电公司负责培训州、市政府及社区的技术人员，并在项目移交后由州政府负责运维管理，有效保证项目长期稳定运行，使帮扶工作落到实处。

3. 基础设施帮扶与文化教育相融合

国网巴电公司以苦咸水淡化公益项目为起点，逐步在当地社区启动一系列文化教育活动，将公益捐赠与教育减贫、文化交流相结合，真正实现民心相通，为中巴友谊谱写新篇章，推动人类命运共同体理念在巴西落地生根。

真实故事

78岁的老人塞维里诺自出生起就在社区居住。据他回忆，以前他们的生活非常艰难，要很早起来全家出动去很远的河边取水，而且取水的地方平时也是动物饮水之地。

塞维里诺说，虽然曾有很多机构或企业到村子里说要帮村民解决用水问题，但是最终都没有结果。"这么多年了，只有中国国家电网有限公司能够无条件地、真正兑现对我们的承诺，帮我们解决用水问题。我从来没想到，有一天在家门口就能喝到干净的饮用水，味道棒极了，这是一种美梦成真的感觉！"塞维里诺感慨道。

生态保护与脱贫攻坚有机结合

——国家能源集团青海省曲麻莱县黄河源生态保护治理项目案例

案例类型：生态保护
关 键 词：环境保护，生态管护，河流治理
提交机构：国家能源投资集团有限责任公司

摘要

黄河源生态保护治理项目是国家能源投资集团有限责任公司（以下简称"国家能源集团"）于2017年启动的扶贫项目，针对近十年来黄河源核心区生态环境日益恶化的情况，以黄河源头核心区草场生态恢复为抓手，区域内实行禁牧休牧，变牧民为职工，脱贫增收。截至目前，该项目共保护治理黄河源头核心区32万亩草场，涉及66户牧民及其5000余头（只）牛羊，实现脱贫与生态保护有机结合。经过几年的治理，黄河源头生态环境得到了明显改善，群众生活水平显著提高。

背景

曲麻莱县位于青海省西南部，玉树藏族自治州北部，地处三江源国家公园腹地，是黄河正源和长江北源主要源流的发源地，是中国南北两大水系的主要水源涵养地，有"黄河源头第

一县"的美称。该县是我国生态系统最脆弱和最原始的地区之一，是青海省乃至全国条件比较艰苦的县份之一。黄河源位于曲麻莱县麻多乡，属高寒、缺氧、多风沙地区，牧草生长期短，加之鼠害严重等原因，草原沙化严重，生态环境极度脆弱，一旦遭到破坏很难恢复。当地牧民收入来源单一，技术水平低。受环境和气候影响大，当地贫困人口占比较大。

项目实施

黄河源生态保护治理项目从2017年开始，分为提前规划、组织发动、教育培训、分步实施、科学评估等环节，截至目前效果逐步显现。

1. 提前规划

提前深入调研，编制调研报告，保证项目的科学性和可操作性。国家能源集团负责定点帮扶曲麻莱县的青海分公司与集团援派干部深入实地调研，面对面与牧民座谈，听取他们关注的问题，两年行程10万余千米，召开座谈会近百次，多方奔波协调，反复多轮次分解、细化、修订实施计划，确定实施方案。一是对禁牧区草场按照国家既定标准发放禁牧补助；二是成立养殖合作社，在宜牧区流转草场，建设配套基础设施，集中养殖搬迁的牛羊；三是在每户退牧户中选聘1名生态管护员，参加草场生态保护；四是在退牧户中选聘的牧民在新成立的合作社中参加劳动，享受工资待遇；五是发放采暖补助，解决退牧后无采暖燃料问题。此方案妥善解决了草场、牲畜、人员安置等一系列问题，最大程度地保护群众利益。通过逐户宣讲政策、优化完善方案，得到牧民的高度认可。

国家能源集团援派干部和乡镇干部与当地牧民沟通交流

2. 组织调动

选聘生态管护员，开展草场保护，夯实群众基础。自2017年起，选聘麻多乡162名建档立卡贫困户作为生态管护员，让贫困群众参与草场保护，他们每月领取1800元工资，每户年收入可达2.16万元。2019年、2020年新增禁牧区共计66户牧民成为生态管护员，实现228户贫困群众全家脱贫。生态管护员不仅巡护草场，而且宣讲政策，起到了良好的示范带头作用。

3. 教育培训

国家能源集团有针对性地开展培训，统一思想，凝聚力量，增强本领。为了更好地推进黄河源生态保护治理项目的实施，国家能源集团先从统一思想着手。2019年，国家能源集团在"两山"理论发源地浙江省安吉县和实践地山西省右玉县举办两期基层干部"两山"理论学习班，曲麻莱县委主要领导干部参加学习。从2020年开始，每年开展生态管护员能力和环保意识提升专题培训，共计培训生态管护员2000余人次，提高了生态管护员的工作能力和管护水平，加强管护人员的责任意识。

4. 分步实施

（1）分步开展牛羊迁移。2019年11月5日，在各方面的共同努力下，黄河源核心区首批2665头（只）牛羊完成转场搬迁，该区域实现历史上首次禁牧，并加强生态管护员对禁牧区的巡逻管护，在牲畜迁移通道中实行局部围栏封堵，确保禁牧效果。2020年10月，在首次禁牧的基础上，完成第二期禁牧工作，禁牧17万亩，涉及33户牧民2625头（只）牛羊。至此，黄河源核心区32万亩草场全部实现禁牧。

（2）开展生态管护工作。两期禁牧共涉及66户牧民，每户选聘1名生态管护员，参加禁牧草场的日常保护，按月领取工资。生态管护员的总数达到228名，实现1人转移就业、全家脱贫。

生态管护员每年接受两次统一培训，定期巡护草场，记录植被生长情况，清理外来垃圾，观察、救护野生动物，试点种植恢复性植物。

（3）成立合作社集中养殖。先后建成2个拥有暖棚、机井、牧工宿舍等配套设施齐全的养殖合作社，每个合作社养殖2000余头（只）牛羊，通过科学养殖有效提高了牲畜抗病抗灾能力，牲畜的生殖率和出栏率与原来传统养殖相比明显提高，群众养殖经济效益显著提高。

（4）尝试开展植被恢复。在黄河源核心区休牧的32万亩草场上，选择植被恢复试验田，尝试种植当地传统植物，长期观测其生长情况，为恢复治理奠定基础。

5. 科学评估

聘请专业机构开展项目评估，确保项目效果。邀请中国科学院西北高原生物研究所的多位专家，对黄河源头生态保护提出专业意见和建议，在核心区建成一座生态监测站，为长期治理提供科学数据支撑。2021年，与中国科学院大学商洽，开展对休牧工作的整体评估，并且商定在曲麻莱县设立三江源工作站，研究高原基于分布式清洁能源替代的可持续发展模式暨集团公司帮扶曲麻莱模式，派驻的研究队伍已初步组建完成，于2022年开展黄河源生态保护治理项目专业、科学的评估工作。

中国科学院大学资源与环境学院专家现场取样，对生态治理效果进行评估

在草原治理基础上开发"草原碳汇"。"草原碳汇"的原理是通过草原植被恢复等措施，增强吸收二氧化碳的能力，相当于减少温室气体排放。这种"减少排放的指标"在国际市场上出售每吨可达几美元。2022年8月项目启动后，通过大量的调研和走访，基本梳理出曲麻莱县碳汇资源，首批碳汇收益几百万元人民币。然后协调曲麻莱县农牧和科技局立项申请，曲麻莱县财政局备案，曲麻莱县发展和改革局批准立项。委托青海

润隆招标代理有限公司于 11 月 13 日公开招标，合同签订后全面启动碳汇开发工作。

成效

1. 黄河源生态情况明显好转

经过两年多的修复治理，草原退化趋势得到遏制，草原自然调节功能正逐步恢复，在禁牧区域内原有沙化、黑土化的面积大幅度缩小，草场水源涵养能力显著提高。狼、熊、野驴、羚羊、鹰等野生动物逐年增多，十几年未见的野牦牛重新出现在黄河源附近的草原上。

2. 牧民生活明显改善，生产积极性明显提高

通过迁移牛羊、建设合作社，实现了牲畜科学集中养殖，养殖水平和盈利水平大幅度提升。合作社初始集中养殖迁移的 5290 头（只）牛羊，通过规模化经营每年带来 100 余万元收入，禁牧区牧户增收约 2 万元；每户管护员工资 2.16 万元/年；牧工工资每年平均到每户近 2 万元。综合计算，每户每年通过劳动增收约 6 万元，除此之外还有补贴，牧民的生活水平得到明显改善，参与脱贫攻坚战和乡村振兴的积极性和主动性明显提高。

3. 贯彻落实习近平生态文明思想

在工作中，通过宣贯习近平生态文明思想理论知识，与当地牧民群众朴素的环境保护观念相结合，形成了一套科学、有效的培训体系和教材，通过优化调整，实现了环保课程进课堂，中小学生的环保意识也逐渐形成，实现"小手拉大手"，逐步形成"保护环境从我做起"的共识。

4. 党的群众路线深入人心

国家能源集团的援派干部与牧民群众同吃、同住、同劳动，调研需求、宣传政策，排解顾虑、解决问题，真正获得群众的理解和信任。群众从带有情绪到逐步理解、支持项目开展，最终成为项目的义务宣传员，带动更多牧民参与黄河源生态保护治理项目。

经验与启示

1. 创新生态帮扶模式

生态帮扶模式的创新在保护环境的同时，让贫困群众吃上"生态饭"。通过禁牧修复，黄河源的草场退化趋势得到了遏制。与此同时，帮助牧民改变传统的生产方式和思维方式，提高牧民生活水平，调动贫困群众参与社会劳动和生态管护的积极性，既增强牧民的生态保护意识，让牧民赖以生存的草场得到休养生息，又通过辛勤劳动获得报酬，体现了个人的社会价值，禁牧区的牧民真正吃上"生态饭"。统筹解决群众脱贫致富、牲畜科学集中养殖、草场生态保护的问题，实现了脱贫致富与生态保护的有机结合，较好地发挥了试验、示范、引领作用，探索出一条新的生态帮扶之路，生态保护和脱贫绩效获得双丰收。

2. 工作方式扎实有效

工作方式的扎实有效，科学规划、发动群众、统一思想、协同推进，保证项目顺利实施。

通过深入调研和座谈，规划充分考虑群众的实际需求，解决其后顾之忧，以人为本是一切的前提。在此前提下，让更多的牧民群众参与项目，同时加大培训力度和广度，充分统一思想。在规划宣传中培训、发动群众，在培训教育中发动群众；在发动群众中完善规划，在培训宣传中完善规划、统一思想。多方协同，分步实施，实现牧民群众从"要我环保"到"我要环保"的转变。

传统医学助力种质资源保护、开发和利用
——中国药科大学发展中药产业帮扶陕西省镇坪县案例

案例类型：生态保护
关 键 词：种质资源，中药产业，产业减贫，定点帮扶
提交机构：中国药科大学

摘要

自2012年年底定点帮扶陕西省镇坪县以来，中国药科大学充分发挥"双一流"学科中药学专业的科技、人才等优势，围绕镇坪县"巴山药乡"的中药资源，通过科技创新、招引资源、培养人才、打造品牌等，不断做大中药材种植业、做强中药材加工业、做优中医药康养业，推动镇坪县中药产业实现一二三产业融合发展。截至2024年，全县草本、木本药材种植总面积20.5万亩，其中草本药材8.5万亩（黄连4.5万亩，其他中药材4万亩），杜仲、厚柏、黄柏等木本药材12万亩。全县有中药材产业园区19个，其中市级园区4个、县级园区15个；有中药材专业合作社42家；有中药材加工企业6家，其中精加工企业2家。

镇坪县黄连种植基地

背景

陕西省镇坪县的交通不便、土地紧缺、教育落后、信息闭塞等不利因素，制约其发展。从单一资源型的"木头经济""煤炭经济"到低水平的"药材经济"，镇坪县一直在探索发展之路，但苦于缺资金、缺技术、缺人才、缺市场，一直没有找到适合的发展路径。2012年，镇坪县仍然是国家重点帮扶的贫困县，全县58个村中有43个是贫困村，建档立卡贫困人口5725户15 994人，贫困发生率超过25%。

项目实施

1. 做大中药材种植业，擦亮金字招牌

镇坪县位于全国四大药带之一，境内有中草药1730种，其中400多种被载入《中华人民共和国药典》，史有"无地不药、无农不药、无商不药"的传统，适合种植面积高达40万亩，具有发展中药材种植业的得天独厚的条件。

一是科学规划，找准方向。中国药科大学组织生物医药、经济管理等多个领域的专家学者为镇坪县中药产业把脉开方、出谋划策,帮助编制《镇坪县中药产业发展规划》《镇坪县中药材"十三五"规划》《安康市生物医药产业发展规划》等重要产业规划,根据"资源保护、科技支撑、品牌带动、市场引领"原则,为镇坪中药产业绘制科学发展蓝图。

二是资源普查,摸清家底。为了配合第四次全国中药资源普查,中国药科大学组织60余人次专家团队参与镇坪中药资源普查,深入调查研究药用植物800余种,制作中药材标本1500余份,编写《镇坪药文化手册》《巴山常见药用植物》等,精准掌握镇坪野生中药材的空间分布、药效性状等特征,为巴山宝库的进一步开发提供科学依据。

三是建设基地,标准种植。以"龙头企业+种植基地+专业合作社+农户"为联农带农机制,推进中药材标准化种植基地建设,科学统筹、规范管理、统一服务,提高中药材的生产质量。在资金贷款扶持、药材种子供应、生产物资保障、农业技术指导等方面给予农户全方位支持,实行种植基地统一采购、统一销售,促成南京正大天晴制药有限公司、江苏康缘药业股份有限公司等医药企业与镇坪达成中药材采购协议,帮助建成标准化种植基地14个,发展种植面积20.5万亩,带动种植户8710户(占总农户的73%),实现农民就近就地就业,稳定持续增收。

2. 做强中药材加工业,延伸产业链条

发展中药材加工业是优化产业结构、延伸产业链条、创造更大价值的必然要求,是实现从"原字号"到"新字号"产业转型升级的有效路径。一是科技赋能,创新驱动。组建镇坪县中国药科大学秦巴中药材研究中心、江苏省中药配方颗粒工程技术研究中心、中国药科大学镇坪县乡村振兴产业研究中心等科技创新平台，2013年以来累计投入科研专项资金1200万元。先后资助近百位专家教授开展镇坪中药材质量鉴定、野生抚育、种质改良、药化药理、健康产品开发等课题研究40余项，组织专家团队研发金丝皇菊茶饮、黄连护眼罩、百合面膜、伸筋草浴包、中药漱口水等涵盖药膳、药饮、药妆、药疗四大系列20余种健康产品，以小产品撬动大产业。二是招商引资，汇聚资源。借助苏陕协作、陕澳合作等平台，依托校友资源、合作企业等，举办中国药科大学定点帮扶镇坪县脱贫论坛暨中药产业招商推介会、中国药科大学横琴（澳门）校地企合作高峰会议镇坪专场推介会等重要招商推介活动，促成江苏恒瑞医药股份有限公司、南京圣和药业股份有限公司等40余家企业及20余名专家学者与镇坪达成产业、人才合作协议。秉持"县上建基地、飞地作加工、区域拓市场"原则，中国药科大学牵线引入陕西安康普欣药业股份有限公司、陕西医药控股集团莲花黑荞健康产业有限公司、安康振兴实业集团等龙头企业入驻镇坪飞地园区，支持镇坪中药产业园、中药科创园等园区建设，加快中药产业聚集。三是精准培训，培育人才。依托中国药科大学助力乡村振兴继续教育服务站，举办镇坪乡村振兴"双百双千"人才系列培训班，邀请院士、知名专家教授对镇坪县党政干部、企业和乡镇负责人等进行培训，并组织多位教授和专家奔赴千里，深入田间地头进行技术指导，累计培训镇坪基层干部、企业负责人、技术人员、创业致富带头人、新型农民等6000余人次。从2014年起，中国药科大学通过高考农村专项计划累计录取镇坪籍本科生24人，培养毕业生13人，其中博士1人、硕士1人。中国药科大学在当地建立实训基地，与镇坪联合培养硕士研究生2人、本科生21人，为镇坪医药产业发展培养高素质人才，增加其持续发展的内生动力。

中国药科大学帮助镇坪县培养高端医药人才

3. 做优中医药康养产业，实现融合发展

中国药科大学立足镇坪县生态资源禀赋和中药产业优势，结合全县旅游规划，全力推动中医药康养旅游业，努力建成景产相融的宜居、宜业、宜游新镇坪。一是推进特色康养项目建设。2018年，通过以商招商，中国药科大学和镇坪县联合香港长江实业集团有限公司、常州方圆制药有限公司等企业，引进飞渡峡中药康养小镇项目。该项目依托镇坪县4A级景区飞渡峡，规划面积5万亩，总投资15亿元，提供工作岗位约1000

个，带动周边约2000人增加收入。2019年，重点打造镇坪县南江湖康养旅游扶贫示范区项目。该项目总投资额约5.6亿元，吸纳200余名村民直接参与示范区建设，带动8个贫困村561户、1333人实现脱贫致富。二是打造中药文化旅游精品。依托中药材种植基地，遴选芍药、百合、牡丹、菊花等观赏价值高的花卉类中药材，与休闲农业、乡村旅游相结合，以花为媒，通过药材搭台、经济唱戏，持续打造上竹镇百合花节、曾家镇菊花采摘节、曙坪镇夫妻树芍药花节、牛头店镇油葵节等系列品牌活动，成为吸引周边消费者游玩打卡的网红地。镇坪县每年能吸引周边游客3000余人，达成各类投资项目上千万元。

大力发展林下中药材种植业

成效

1. 造就首位中药产业

镇坪全县建成中药材标准化种植基地14个，中药材总留存面积 16.68 万亩；实施中药科创园、中药保健产品等重点产业项目，引进和培育中药企业、专业合作社等市场主体 30 余家；开发中药民宿康养、药浴温泉度假、药膳药疗养生等项目 20 余个，带动旅游服务业年均增长 25%；实现总产值 8.6 亿元，中药产业对全县生产总值贡献率达到 34%，成为带动脱贫致富、推进乡村振兴战略的首位产业。

2. 建设中药富民强县

经过多年奋斗与积累，镇坪县已经发展成为陕西省中药强县，2018 年在安康市率先实现整县脱贫摘帽，2020 年实现"贫困村""贫困户"双清零，高质量完成脱贫攻坚各项任务。主要经济指标在全市名列前茅，连续 3 年获得陕西省县域经济社会发展争先进位奖，2019 年成为陕西省唯一一个入选中华人民共和国生态环境部第三批 23 个"绿水青山就是金山银山"实践创新基地的县份；2022 年产业振兴经验相继入选陕西省首批乡村振兴典型案例和生态环境部推出的绿色发展示范案例。

3. 创新特色帮扶模式

中国药科大学以特色学科发展地方特色产业的帮扶模式成为高等院校助力脱贫攻坚、服务乡村振兴的典型经验，连续 7 次入选教育部直属高校精准帮扶典型项目；连续 5 年在中央单位定点帮扶年度绩效考核中获得最高等次"好"。中国药科大学驻镇坪县帮扶工作队获得"陕西省脱贫攻坚先进集体"称号，中央广播电视总台、中国教育电视台、光明日报、新华网等媒体以"黄连铺就致富路 巴山开出幸福花""药大·药乡·药振兴"等为题深入报道中国药科大学帮扶工作 30 余次。

经验与启示

1. 要抓住产业发展的"牛鼻子"

相对于企业帮扶直接、大量的资金投入，高等院校的优势是教育科技人才及丰富的校友资源、社会关系，是帮扶地区内生动力的培育和可持续发展模式建立的基础。中国药科大学以产业帮扶为关键点和总抓手，紧密围绕发展产业这个核心目标，统筹推进党建帮扶、科技帮扶、教育帮扶、文化帮扶、消费帮扶等，为镇坪县中药产业搭平台、聚资源、拓市场、育人才。延伸拓展产业链条，促进一二三产业融合，是乡村产业提档升级、提质增效的必然要求。中国药科大学注重乡村产业的长远规划、整体提升和协调发展，同时与帮扶地区的资源禀赋、特色优势有效结合，大力推动特色产业高质量发展。

2. 要找到因地制宜的"好方子"

中国药科大学紧密围绕镇坪"巴山药乡"的资源禀赋和善种药、会用药的历史传统，以发展中药产业为核心基础，通过党建引领、科技创新、资源招引、人才培育、乡风治理等，打出一套助力镇坪县高质量发展的"组合拳"。在党建方面，深入推进"院镇共建、支部结对、党员结亲"帮扶模式，把支部建在产业链条上；在科技方面，建立镇坪县中国药科大学秦巴中药材研究中心等科研平台，引导专家教授把论文写在镇坪大地上；在引资方面，推动安康普欣药业股份有限公司"中药配方颗粒项目"等重大产业项目落地；在人才方面，举办镇坪乡村振兴专题培训班，招录镇坪籍大学生，培养高素质中医药人才；在乡风治理方面，推动中医药文化进村进户。

3. 要打造共同参与的"强圈子"

中国药科大学注重发挥医药行业引领作用，有效整合校内校外资源，引领带动行业高等院校、校友企业、社会主体积极投身乡村振兴事业。中国药科大学校内积极构建牵头部门抓总统筹、其他部门密切配合的"大帮扶"工作格局，同时通过实施院镇共建、支部结对、党员结亲，引导二级学院、教师党支部、广大师生深度参与帮扶工作，在与镇坪结对帮扶中增进感情、强化责任、提升成效；校外推动"政产学研用"结合，借助苏陕协作、陕澳合作等平台，与陕西省发展和改革委员会、澳门电子金融产业贸易促进会、江苏食品药品职业技术学院等政府机构、行业协会、高校院所等开展合作，以商招商、以才引才，引进龙头企业、社会资金，为乡村振兴汇聚更多力量。

——————————— 真实故事 ———————————

镇坪县尖山坪村村民张玉仁小时候因为意外失去左手，20岁时就外出务工，做过临时工，学过漆匠，卖过中药材。在中国药科大学的帮扶带动下，2014年，他回到家乡学习各种中药材种植技术，创办上湾种养殖农民专业合作社。经过奋斗，如今，上湾中药材产业示范园区已经成为集黄连、瓜蒌、金银花、云木香、魔芋种植、加工、销售于一体的综合性现代生态循环农业企业，发展林下黄连2000余亩，种植瓜蒌480亩，建成金银花种植基地450亩和魔芋种植基地520亩，累计带动农户832户2508人，户均增收3200元以上。

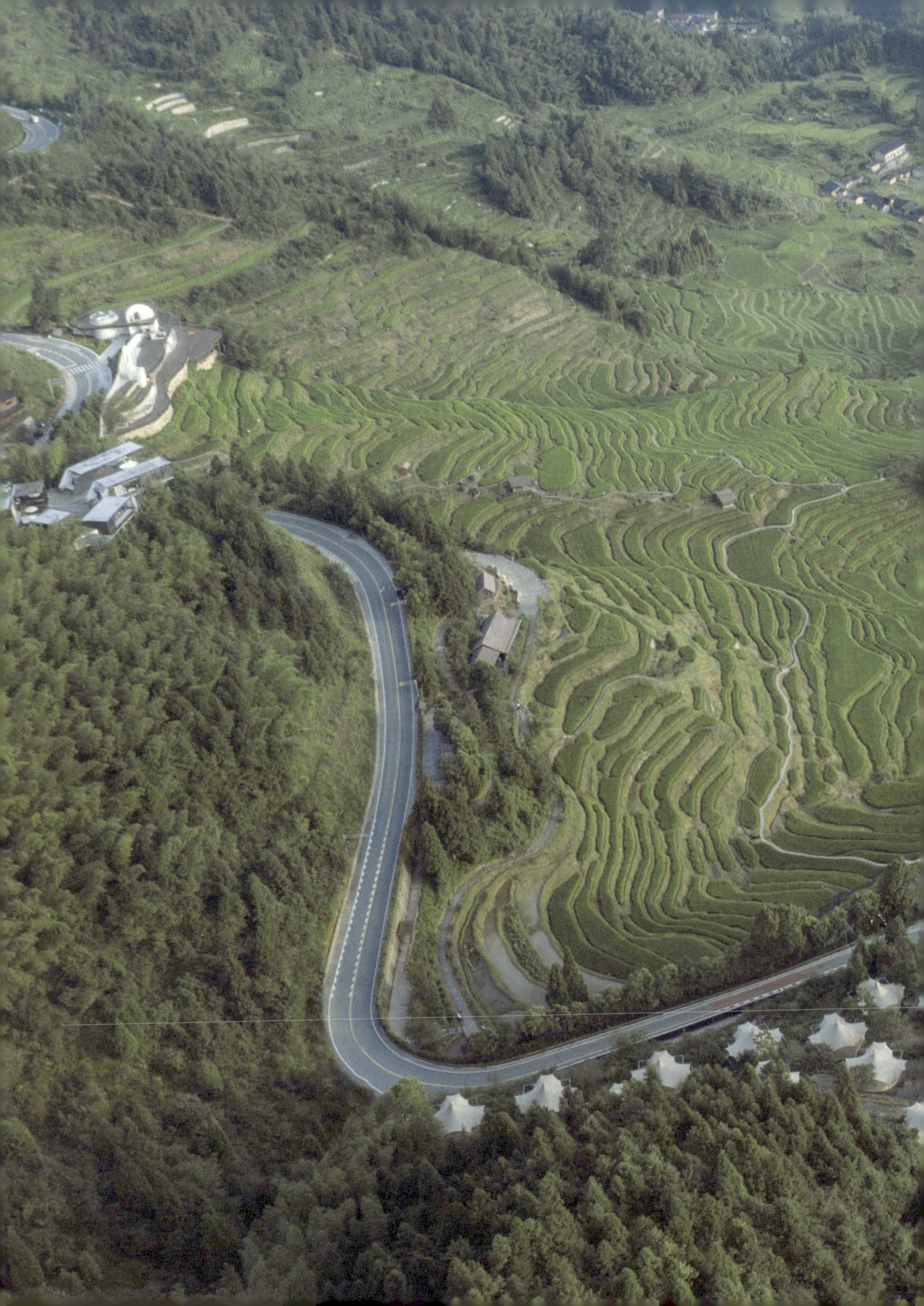

粮食问题

动态保护农业文化遗产，助力脱贫致富乡村振兴
——国际组织与政府协同打造贵州从江稻鱼鸭全球重要农业文化系统保护模式

案例类型：粮食问题

关 键 词：重要农业文化遗产保护，稻鱼鸭

提交机构：联合国粮食及农业组织、中国农业农村部国际交流服务中心、贵州省农业农村厅、从江县农业农村局

摘要

2011 年，贵州省从江侗乡稻鱼鸭复合系统入选全球重要农业文化遗产（Globally Important Agricultural Heritage Systems，GIAHS）保护试点地。在脱贫攻坚工作中，从江县大力发展"稻+鱼+鸭"产业模式，促进稻鱼鸭复合系统三产融合，推动融合发展，与保护生态、脱贫攻坚、全域旅游等交融互进。2020 年 10 月，从江县建档立卡贫困人口 31 046 户 138 875 人已全部脱贫，207 个贫困村全部出列，贫困发生率降至 0。作为国家级贫困县，从江县通过积极推进农业文化遗产保护工作，持续发掘农业文化遗产的价值，为脱贫攻坚提供持续动力。

背景

　　贵州省从江县境内多丘陵，少数民族占比高达94%，长期延续"饭稻羹鱼"的生活传统，稻鱼鸭系统距今已有上千年历史。2011年，贵州省从江侗乡稻鱼鸭复合系统入选联合国粮食及农业组织首批全球重要农业文化遗产保护试点地。2013年，该系统入选第一批中国重要农业文化遗产。2015年，贵州省人民政府批准从江侗乡稻·鱼·鸭生态农业产业示范园为省级农业园区，并明确保护区域，将全县20个乡镇（街道）列入保护范围，在此基础上划定6个乡镇15个行政村为核心保护区域，充分调动群众参与农业文化遗产保护与发展的积极性。2022年，稻鱼鸭复合系统推广面积11.56万亩，先后在该县200亩以上坝区和117个村建立稻鱼鸭复合系统示范点，总面积达3.8万亩，涉及农户8万多户。

贵州省从江县占里村秋色宜人

项目实施

1. 机制引领，长远发展

为加强从江县农业文化遗产保护管理和开发利用，促进经济社会协调发展，及时制定《全球重要农业文化遗产：贵州从江侗乡稻·鱼·鸭复合系统保护管理办法》《从江农业文化遗产保护发展规划》。2015年，贵州省人民政府批准从江侗乡稻·鱼·鸭生态农业产业示范园为省级农业园区，及时编制《从江侗乡稻·鱼·鸭系统生态农业产业示范园区建设规划》，推行《从江县稻田养鱼技术规程》，促进开展保护与发展管理工作。为确保从江田鱼良种繁育，在刚边乡平正村建立从江田鱼鱼苗繁育基地，通过基地带动该县传统鱼苗繁育的复苏。截至目前，从江共有从江田鱼鱼苗繁育基地1280亩，年产夏花鱼苗1亿多尾。

2. 生态保护，产业兴旺

稻鱼鸭共生种养模式是一种简单实用且鸭、鱼、稻兼得的生态农业模式。鸭和鱼能为水稻治虫、除螺、增肥、活水、除草，在稻鸭鱼共生的环境中产出的稻谷颗粒饱满，养出的鱼、鸭绿色生态、肉质好，能获得可观的收入，是自然生态下农业循环经济的示范新模式。稻田养鱼、养鸭不仅提高对土地资源的利用率，也使养殖业和种植业同时得到优化，极大地提高农民的经济效益。在生态方面，这种模式使农药、化肥减量50%，鱼吃昆虫、粪便还田，形成一条生态循环链。

3. 加大投入，提质增效增收入

自2013年以来，从江先后在全县200亩以上坝区和117个村建立稻鱼鸭示范点，总面积达3.8万亩，共补助鱼苗9万千克、鸭苗20万羽、优质稻种2万千克,稻鱼鸭产业总投资4260万元。稻鱼鸭产业覆盖全县20个乡镇(街道),涉及农户8万多户。为积极开展重要农业文化遗产标识推广与应用,从江县与贵州月亮山九芗农业有限公司签订全球重要农业文化遗产、中国重要农业文化遗产标识应用协议,并协助该企业与广大水稻种植户签订订单生产协议,积极推动"公司+基地+农户+合作社"模式,在全县8个乡镇的16个村建立优质稻种植示范基地4.5万余亩、特色香禾生产基地7000余亩。与2600多户贫困户实施订单面积1252亩,在保护农业文化遗产的同时,增强贫困户内生发展动力,从根本上解决脱贫问题,带动1500户贫困农户增加收入,走上脱贫奔小康之路。

4. 创新业态,促进文旅融合

从江县加快农文旅深度融合,使稻鱼鸭复合系统农业文化遗产景观以其形、色、声、光等原生态审美要素呈现田园风光的美妙和自然美景,使游客获得悦目悦耳、悦心悦意的审美感受及较好的体验价值,使其在农业旅游过程中能通过直接参与农耕活动,亲身体验农业生产过程,感受生机盎然的生态农村生活景象,旅游前景非常宽广。从江县在加榜梯田建立农业景观保护区,总面积近1万亩,通过对农田及农业技艺的保护,开发休闲及农业景观旅游,使加榜梯田成为国内著名的旅游景点之一。从江县充分利用稻鱼鸭系统品牌,发挥历史文化和生态环境等优势,拓展农业功能,告别以往依靠卖稻卖鱼发展的单一模式,把稻鱼鸭复合系统的传承推广与民宿旅游、文化创意、康养休闲、研学旅行等结合起来。

5. 做强品牌,龙头带动

从江县积极发挥全球重要农业文化遗产品牌优势,大力发展稻鱼鸭复合系统生态农业产业,积极开发特色农产品。贵州月亮山九芗农业有限公司研发出九芗稻鱼鸭米（有机产品）、九芗贡米、九芗香禾糯等三大系列8类产品近30多种，其外包装上印有"全球重要农业文化遗产""中国重要农业文化遗产"标识，均已投放市场。同时，贵州省从江县丰联农业发展有限公司的"贵米"系列产品、贵州省从江县江南精品香禾种植专业合作社的"亚来"牌香禾糯系列产品、从江县增益香禾种植专业合作社的"增益"牌香禾糯系列产品均已投放市场，深受消费者青睐。从江县在发展香禾糯的同时，积极发展从江田鱼产业，从江田鱼以其味道纯正、香甜可口荣获2021年度贵州省生态渔业"十佳渔品牌"。未来，从江田鱼在各方需求下，将展现良好的市场发展潜力。

从江县的加榜梯田

6. 加大宣传，走向世界

自2011年以来，从江分别举办第二届"中国传统村落·黔东南峰会"乡村保护国际论坛、2017中国国际大数据产业博览会分论坛"互联网+大数据助力产业脱贫与美丽特色家园建设"、2017年中国有机农业发展论坛等。同时，从江县连续成功举办"中国·从江原生态侗族大歌节"活动，2018年成功举办"中国农民丰收节暨第一届黔东南香禾发展大会"，2022年成功举办"全省水果产业重点项目建设现场会暨招商推介会"。先后摄制《从空中看神秘从江》《侗族大歌》《树图腾》《云上绣娘》《中国重要农业文化遗产》等电视剧、大型专题片，从江香禾糯米饭、腌鱼走进《舌尖上的中国》纪录片等，从多方位、多角度宣传从江农业文化。发行《贵州从江侗乡稻—鱼—鸭系统》读本，印制《从江香猪——原生态，源生态》《从江侗乡稻·鱼·鸭复合系统》等宣传册。通过开展文化宣传，对推动从江乡村特色旅游产业及提高从江全球重要农业文化遗产地的知名度产生积极作用。

成效

从江县通过基础设施建设、生产方式转变，实现对稻鱼鸭复合生态系统的传承保护与产业化开发，使稻鱼鸭产业标准化水平普遍提高。围绕从江侗乡稻鱼鸭生态复合系统农产品"三品一标"认证，着力打造生态农业品牌，提高产品附加值；建立从江田鱼鱼苗繁育基地，建设香禾糯种质资源保存中心1个、香禾糯种质资源试验示范基地200亩，从江现有糯禾品种48个。通过建立基地，带动该县传统鱼苗繁育的复苏、水稻品种保护，不仅丰富从江的稻作栽培，更丰富水产品、水稻品种种质资源；稻鱼鸭全产业链基本形成，全球重要农业文化遗产品牌效应充分显现，建立稻—鱼—鸭主题餐厅、从江稻—鱼—鸭农耕产品实体店，让产品走进餐厅、实体店，为稻鱼鸭产品拓宽销路，稻鱼鸭产业覆盖从江20个乡镇（街道），助推从江贫困人口顺利脱贫。

侗乡秋色

真实故事

西山镇拱孖村稻鱼鸭生态种植养殖示范基地，面积200亩，示范户143户（其中贫困户94户），建立"公司+合作社+农户"的经营模式，示范推广稻田高产养鱼，实行订单生产。2016年，利用项目资金先后对200亩稻田田埂进行加高加固，并修建田间生产步道、引水渠道及凉亭等。通过改善基础设施条件，不仅为稻鱼鸭产业提供良好的生产环境，而且为休闲农业观光旅游发展奠定基础。2018年，合作社稻田养鱼基地年生产鲜活田鱼产品约7500千克，平均单产37.5千克，产量比传统养鱼产量高出2~3倍，鸭产量4000千克，平均亩产20千克，水稻总产量10万千克，平均亩产500千克。为做好产品销售，合作社积极开拓市场，成功与聚龙潭生态渔业有限公司签订从江田鱼回收合同、与从江九芗米业公司签订优质稻销售合同。同时，抓住县机关事务局挂靠帮扶拱犴村的机遇，把稻鱼鸭产品卖到县城的部分宾馆、酒店、学校等。努力打开稻鱼鸭产品销售渠道，为产业发展创造有利条件，有效解决合作社产品的销售难题。2020年，合作社产值近80万元，平均亩产增收2000元以上，合作社的贫困户如期实现脱贫。

中国农村农户储粮"六位一体"减损增收实践
——中储粮公司农户安全储粮研究和示范项目案例

案例类型：粮食问题
关 键 词：减损增收，储粮技术
提交机构：中储粮成都储藏研究院有限公司

摘要

为改善农户储粮条件、减少损失、促进农民增收，从2007年开始，国家发展和改革委员会、国家粮食和物资储备局启动农户科学储粮项目，通过配置和推广新型储粮装具、建立新型储粮技术服务体系等措施，开展农户科学储粮建设工作。

该项目已经累计推广农户储粮设施955.93万套，每年可减少粮食损失97.6万吨，取得的经济效益十分明显。同时，该项目能通过保持粮食品质来保证食品安全，减少农户粮食的霉变等损失，并建立市场化长效机制，社会效益显著。

背景

中国是一个农业大国，每年有约40%的粮食分散存储在农户家中。在该项目实施前，由于农户储粮方式非常简单，他们主要使用格子仓、砖仓、水泥仓、木柜、陶瓷罐、围席囤等储粮装具，所以虽然储粮成本低，但因储粮性能差，害虫容易侵入滋生，不能防潮、防虫、防霉、防鼠，加上农村储粮服务体系不健全，面向农户的科学储粮知识的普及与宣传不够，虫害、霉变、鼠食等问题严重，损失数量较大，一般为 8% 左右。这不仅浪费粮食，而且影响农民的收入和健康。因此，在中国广大的农村地区，改善农户的储粮条件、提高农户的科学储粮意识和技术水平、减少农户储粮损失是十分重要的。

项目实施

中国农户储粮与发达国家农户储粮有明显的不同，主要的特点为：一是总体数量大，单户储粮小，户均储粮约 1350 千克；二是储藏周期较长，以解决一年口粮为主，一般在半年以上。而发达国家农场主储粮较多，一般以钢板立筒仓为主；储藏周期短，一般在 3 个月以内。因此，必须针对中国农户储粮的特点进行系统研究。

该项目按照"六位一体"的技术路线开展农户安全储粮研究和示范工作，即装具、技术、方法、药剂、培训、服务体系"六位一体"。项目具体实施大体分三个阶段进行。

1. 通过项目支持，对中国农户科学储粮进行系统研究

从 2004 年开始，中国开展"粮食丰产科技工程"项目，先后投入资金支持减少农户储粮减损的一系列课题研究，产生一大批农户科学储粮相关成果。

（1）装具。针对东北地区玉米、中原地区小麦、南方地区稻谷，分别研究开发适合当地农户使用的科学储粮装具，包括彩钢板组合仓、钢骨架矩形储粮仓、有骨架钢网式圆仓等。

项目资助的彩钢板组合仓和小型钢板仓

（2）技术。该项目的技术方案：对于北方地区，充分利用北方储粮生态特点，采用钢骨架矩形仓、有骨架钢网式圆仓，通过自然通风降水，将高水分玉米降至安全储藏水分；对于南方地区，采用彩钢板组合仓等仓型，储藏安全水分粮食；对于高水分粮食，可通过袋式干燥法，先将粮食降至安全储藏水分，再进行储藏。另外，研究编制行业标准《农户小型粮仓建设标准》（LS/T8005—2009），其主要内容包括农户小型粮仓分类、技术要求、安装和维护要求、检验规则、运输和装卸等，规范农户粮仓建设和命名。

（3）方法。在深入研究三大平原小麦、玉米、稻谷在不同地区的储藏特点和特性基础上，该项目研究集成8套适合我国农户的储藏方法，包括玉米储藏方法3套、小麦储藏方法3套、稻谷储藏方法2套。

（4）药剂。经过配方筛选和反复试验，研制出专门用于农村储粮的防虫药剂堡良磷。其特点是配方独特，杀虫谱广；微胶囊缓释技术，有效期长；高效低毒，用量少，符合国家卫生标准。

（5）培训。该项目的培训方式包括现场授课、现场示范、电视培训、报纸培训等，并组织编制《农户安全储粮技术手册》、相关光碟及宣传挂图等资料；与中央广播电视总台联合拍摄《农户储粮讲科学》专题片及《农户粮食储存实用技术》纪录电影，通过多种方式对农户进行宣传、培训。中国储备粮管理集团有限公司（以下简称"中储粮公司"）作为全国最大的粮食储备企业，充分利用自身的储粮技术优势、直属粮库直接面对农户且点多面广的特点，开展系列化、多渠道的农户储粮服务工作，仅2021年上半年就组织培训宣传13 000多次，培训农户30多万人。

农事服务中心

（6）服务体系。该项目建立三级技术服务体系，即以国家级专业科研机构（中储粮成都储藏研究院有限公司）为依托，以省级科研机构为支撑，以基层粮库为基础的农户储粮技术服务体系，加大为农服务力度，加强对农户储粮装具使用技术的指导。

2. 依托项目成果，分阶段开展农户科学储粮试点示范

（1）第一阶段是试点阶段。2007年，国家粮食和物资储备局在中国粮食主产区的东北平原、华北平原及长江中下游平原建设3.2万户示范户。

（2）第二阶段是示范阶段。国家粮食和物资储备局2009年在成功试点的基础上建设57.2万户示范户，2010年建设138万户示范户。

3. 通过国家立项，大规模开展农户科学储粮建设和推广应用

2011—2015年，国家发展和改革委员会、国家粮食和物资储备局实施农户科学储粮建设专项，开始农户科学储粮规模化建设工作。该项目采用农户自愿申请、共同出资的方式，并将中央财政补助、地方财政补助和农户自筹相结合，即中央财政补助30%、省级财政补助30%、农户自筹40%。

生产企业中标后负责粮仓加工，负责将加工好的粮仓配送到该项目农户家并安装到位，负责教会农户如何使用粮仓，并提供售后服务。农户遇到技术问题时可以到基层粮库（站）进行咨询，由他们提供技术支持服务。项目结束后，由国家粮食和物资储备局组织抽查验收。

成效

1. 农户储粮减损显著，经济、生态效益明显

截至目前，该项目共为26个省（自治区、直辖市）950多万户农户配置新型储粮装具，改善农户的储粮条件，每年可减少储粮损失约97.6万吨，为农户增收20多亿元，减损效果非常显著。

该项目为东北农户配置的标准化储粮装具可装玉米700多万吨，能够实现高水分玉米的自然通风干燥。仅此一项，东北地区每年可节约烘干用标准煤约28.3万吨，每年可减少二氧化碳排放量73.4万吨，生态效益十分明显。

2. 提高储粮质量，社会效益显著

用传统装具储粮易受虫、霉、鼠为害，不仅储粮数量损失巨大，而且霉变粮食会产生黄曲霉等强致癌真菌，鼠害和虫害后的粮食食用品质大大降低，食品安全难以保证。该项目采用的新型储粮装具明显优于传统储藏装具。以稻谷为例，使用新型储粮装具的农户稻谷脂肪酸增加值只有传统储粮装具的38%~67%，明显低于传统储粮装具，社会效益十分明显。

3. 建立市场化长效机制

通过该项目实施培育一批农户储粮装具生产骨干企业，产品质量大幅度提高，为市场化长效机制的建立奠定坚实的基础。通过该项目的示范和引领带动作用，农户储粮观念正在发生深刻的转变，科学储粮以加速度被农户和市场认可，逐步实现从"通过政府补贴为农户配置安全、科学的储粮装具"向"建立市场化机制，农户自愿购置"转变的可持续性目标。

4. 对特殊群体的帮助情况

对于偏远地区和贫困地区，如西藏自治区，四川省甘孜藏族自治州、阿坝藏族羌族自治州和凉山彝族自治州等，对参加该项目的农户采取全免费的方式，项目农户无须出资，同样可以享受科学储粮装具、技术、培训等全套服务，为该地区农户减损增收。

经验与启示

1. 重视科普宣传，有利于成果的示范、应用和推广

应充分利用电视、报纸、网络、科技活动周、科技下乡等多种平台，积极开展农户科学储粮科普活动，重视媒体宣传，对转变农民储粮观念、带动农户科学储粮发挥重要作用。

2. 推广农村储粮技术，降低成本是关键

必须尽可能地降低装具成本，要生产标准化、系列化、简单实用的产品。只有这样，农户才容易接受。

3. 项目实施与推广应因地制宜

中国农村地广人多，各地情况差异很大，不同地区农户的储粮形式、观念、规模相差很大，应根据不同地区的特点推广不同的仓型。

4. 与国家重大工程相结合，加快成果推广

在国家粮食和物资储备局的支持下，通过实施全国农户科学储粮专项，为该项目成果的推广搭建更好的平台，通过政府补贴让农户能够尽快享受成果带来的双重效益。

真实故事

四川省广汉市连山镇乌木社区的黄明水是该项目受助农户。在该项目实施前，他承包了200亩土地，种植的粮食没有装具存放，储粮损失大，每年损失5%～6%。该项目为黄明水配置10多套彩钢板组合仓，并配置50吨的规模化储粮钢板仓，解决其收获后粮食的储存问题，储藏过

程基本无损失。有了储粮装具,黄明水又建起小型稻米加工厂,后来通过股份合作方式成立广汉市锦花粮食种植专业合作社。该合作社经不断发展,已经成为种植面积2000亩、年产粮食2000多吨、年营业额超过560万元,具备种植、烘干、储存、代农服务等多功能的大型农业合作社组织。

打造藜麦全产业链，产销结合助力增收
——中国石油化工集团有限公司产业帮扶案例

案例类型：产业减贫
关 键 词：藜麦产业，定点帮扶
提交机构：中国石油化工集团有限公司

摘要

中国石油化工集团有限公司（以下简称"中国石化"）自2013年定点帮扶甘肃省东乡族自治县以来，始终将发展当地产业作为帮扶工作的重中之重。2021年，中国石化在通过优质育种、培育新型经营主体、扩大产销对接等方式助力产业发展的同时，将建设东乡族自治县藜麦加工产业园作为中国石化"一县一链"发展规划示范项目，加速推进产业转型升级，打造"育、种、储、产、销"全产业链条。自2021年以来，中国石化收购藜麦4000余吨，价值合计超6705.3万元，帮助2.8万名群众增收。2022年，中国石化帮助销售藜麦及其加工产品超8400万元，培训藜麦产业相关人员6311人次，切实惠及当地群众、助力群众增收。

背景

东乡族自治县是全国唯一以东乡族为主体的少数民族自治

县。这里群山汇聚、沟壑纵横，恶劣的自然环境长期制约东乡族自治县的发展，曾是国家"三区三州"深度贫困县。

2018年，中国石化与科研院所开展深度合作，全方位分析东乡族自治县的自然生态条件，开展高价值农产品种植比选，与东乡族自治县人民政府、甘肃省农业科学院在东乡族自治县试种藜麦成功。2019年，东乡族自治县进一步扩大种植规模，带动群众增收。2020年，东乡族自治县推广藜麦种植面积超过万亩，带动户均同比增收1.2万元。

中国石化帮助东乡族自治县建成首个正规化藜麦科研育种基地

项目实施

1. 强化品种引育，技术拓展产业空间

（1）引育优质品种。中国石化与甘肃省农业科学院深度合作，大力开展种源关键技术攻关，研发选育出中熟、高产、优质、抗病虫害、适种性强的国内首个藜麦品种"陇藜1号"，该品种最高亩产达300千克。2022年，中国石化组织东乡族自治县10个乡镇36个村4788户种植藜麦1万余亩，并拨付专项资金，提供种子、化肥、地膜等农资支持，推广种植。

（2）助力科研创新。中国石化注重科研育种基地投入，帮助当地建成甘肃省规模最大的正规化藜麦育种基地，已培育出适合在我国干旱、高寒地区生长的18个藜麦品种，筛选出可在东乡族自治县推广的高代杂交品种1个、优质白藜品种2个、观赏型藜麦品种2个、饲料型藜麦品种2个。其中，陇藜7号、5号、1号等品种，可产出2500千克以上优质种子，在发展产业的同时，为我国攥紧种子、实现粮食安全贡献石化力量。

（3）加强种植保障。中国石化协同甘肃省农业科学院开展播前藜麦种植技术培训、田间管理技术指导培训，强化种植技能提升。中国石化投入专项资金将藜麦保险纳入该县种植业保险范围，有效降低灾情影响，确保产业推广成效。

2. 扩大种植规模，培育产业新型主体

围绕藜麦种植培育新型经营主体，中国石化帮助打造股份制经济合作社模式。以村党支部为引领，村民以574亩土地作为经营权入股，中国石化收购产出藜麦后，合作社按股比分红，带动当地群众增收。采用致富带头人模式，中国石化帮助利用扶持资金，组建种植农民专业合作社，种植新品种藜麦40余亩，亩产达300千克，收益超过10万元。采用企业集约化发展模式，中国石化扶持当地企业利用企业运营、专业设备等优势，通过租赁流转土地131亩建成甘肃省规模最大的正规化藜麦育种基地，带动藜麦产业发展。

3. 着眼产业升级，打造产业示范项目

（1）建设深加工产业园。中国石化开展东乡族自治县藜麦加工产业园建设，发展精深加工业务，促进产业链条延伸，持续扩大帮扶效应。作为东乡族自治县最大的单体项目，打造种植示范基地3块，培育以藜麦为主要支柱的产业强村10个。该项目在完成后可吸纳百余名群众就近就业，嵌入产业链发展受益近万人。同步推进4条藜麦深加工产品生产线，研发生产藜麦速食面、饼干等高附加值深加工产品，打通产业发展堵点，助力价值链向中高端延伸。当前，该项目一期工程已建设完毕，顺利投入使用，深加工产品已陆续投入市场。

中国石化投入专项资金打造的东乡族自治县藜麦加工产业园

（2）组建专业运营团队。中国石化援建集藜麦米加工、科技示范、特色展示、品牌创建于一体的现代农副产品加工厂，即东乡族自治县东华胜藜麦生产加工厂。注册成立甘肃东芗藜食品有限责任公司，选派中国石化系统内具有东乡族自治县一线帮扶、藜麦种植、企业管理及产品销售经验的员工担任总经理，帮助该公司平稳起步、快速发展，编制《东乡县藜麦产业

园制度汇编手册》，明确各项生产管理制度，保障该公司顺利运行。

（3）打造系列产品品牌。2022年，中国石化多次组织中石化易捷销售有限公司、甘肃石油销售有限公司、中国石化东乡帮扶工作组、藜麦加工产业园及设计公司等项目组成员单位，开展线上工作研讨，发挥各自专业优势，商讨东乡藜麦品牌经营、发展策略。结合东乡族自治县及藜麦作物特点，融合健康、天然等元素，打造"藜之香"品牌系列，产品涵盖藜麦米、饼干、麦片、牛肉面、挂面等。同时，立足于中石化易捷销售有限公司线上、线下各渠道经营，规划市场推广方案。

4. 强化产销对接，发挥优势带动销售

（1）依托平台助力销售。中国石化聚焦"品牌打造、采购帮销"这一"产业+消费"两手抓帮扶模式，依托全国2.8万个易捷便利店渠道优势，将东乡藜麦作为重点商品进行市场推广。中国石化动员直属企业工会和员工购买东乡藜麦产品，在品牌塑造、推广宣传、带动群众稳定增收方面发挥重要作用。

（2）利用资源充分引流。通过石化员工团购网、"易捷加油"App、"极臻甘肃"App等线上销售渠道优势，设置购买专区，开展直播带货等活动，推动藜麦等特色农产品销售，打造消费帮扶亮点。

（3）产业融合丰富业态。在东乡族自治县打造中国石化党员教育基地，投入专项资金建设特色民宿，发挥中国石化集团国际旅行社有限责任公司的资源优势，规划"工业旅游+乡村旅游+红色基地"（藜麦加工产业园+唐汪民宿+布楞沟村史馆）文旅路线，增加东乡藜麦产业新零售、新领域推广效应，大力支持东乡一二三产业融合，丰富业态，促进产业与消费共同发展，利益联结机制更加广泛。

成效

1. 带动群众增收

2022年,东乡藜麦种植面积保持1万余亩,累计种植藜麦4.2万多亩,标准化种植成效显著,帮助2.8万名群众增收。2022年,中国石化收购藜麦原粮价值约3349.1万元,带动3695户群众户均增收8969元。

中国石化帮助打造藜麦全产业链,助力丰产又丰收

2. 助力人才培养

中国石化邀请科研机构专家普及种植技术,指导种植方法,推进提产增效。2022年,开展藜麦种植户技能培训18场,培训藜麦种植户6311人次,为产业振兴积累人才动能。

3. 做好消费帮扶

在大力推动企业工会福利和后勤保障采购的同时,中国石化通过各销售渠道开展"油非互促"等专项营销活动,助力东乡藜麦进入市场。2022年，帮助销售藜麦及其深加工产品超8400万元，中国石化系统内各单位积极参加"央企消费帮扶兴农周"等活动，直接购买价值5558.25万元的藜麦。

经验与启示

中国石化在东乡族自治县的藜麦全产业链开发中，帮助实现东乡农业供给侧结构调整需求，为市场提供安全、营养的优质谷物新产品，满足消费者对健康食品的需求。在发挥中国石化自身优势力量的同时，在东乡族自治县形成"地方政府+中央企业+科研单位+新型经营主体+农户"的帮扶模式，以产业培育为基础，向两端延伸，解决藜麦种植生产源头问题，建立藜麦良种引育体系；解决产业末端问题，建立藜麦精深加工与秸秆综合利用体系。强化优质种源、科学种植、保护性收购、专业化生产、高效能运营、市场化推广，帮助建设藜麦加工厂及运营公司，培育自有品牌，借助易捷便利店、中国石化员工团购网等各类销售平台及驻地企业加快推进产品销售，助力品牌打造及效果转化，形成藜麦线上、线下市场流通新格局，实现藜麦品种优质化、多元化，栽培技术集约化、机械化，种植生产规模化、绿色化，产品开发特色化、高值化。同时，坚持全流程帮扶，通过藜麦产业项目帮助东乡族自治县建立产业发展思维，切实让受援地区了解工业化、专业化产业"应该是这样，应该这样做"，为激活当地发展的内生动力、培养可持续发展能力提供示范样板。

"小杂粮"带动群众增收致富"大产业"
——陕西省子长市黄米山村特色产业减贫案例

案例类型： 产业减贫
关 键 词： 黄米产业，小杂粮
提交机构： 陕西省子长市乡村振兴局

摘要

陕西省子长市涧峪岔镇黄米山村曾是贫困村。自脱贫攻坚以来，该村立足实际，聚焦精准，瞄准绿色、循环、可持续发展的生态农业减贫路径，坚持把以黄小米为主的小杂粮种植、加工、销售作为主攻方向，引进农业龙头企业，探索"公司+基地+合作社+农户"合作模式，推动小杂粮产业的规模化、产业化、市场化、生态化发展，带动农民持续增收，探索走出特色产业减贫的新路径。

背景

子长市属于典型的黄土高原丘陵沟壑区，土地资源丰富，土质疏松易耕，干旱少雨，光照充足，热量丰富，昼夜温差大，是小杂粮的适生地。过去，这里的居民几乎顿顿饭离不开杂粮，农民自主种植、自家食用，种植规模小，无外销。改革开放后，农村人口大量外流，弃耕撂荒严重，子长市杂粮产业一步步滑向低谷，陷入小、散、乱、低等窘境，形成商品标准化差、产品附加值低、产业链条不长的局面。随着人民生活水平的提高和膳食结构的改变，小杂粮营养价值高、发展空间大的优势得以凸显，小杂粮逐渐成为保健食品新宠。

项目实施

1. 整合优势资源，打造原生态杂粮基地

子长市涧峪岔镇高台便民服务中心位于高柏山与狄青山之间，具有海拔高、无霜期长、昼夜温差大、光照时间长等优势，无工矿污染。当地农民素有种植谷子、豌豆、绿豆、荞麦、高粱等特色小杂粮的传统。近年来，借助产业政策支持之东风，采取奖、补、贷的方法，强力推动政策落实落细。在"奖励扶"上，每年给10亩以上种植大户每户奖励1000元，颁发奖牌1块；在"补贴扶"上，每年补贴种植户深翻、种子、化肥等，其中贫困户每亩补助100元、非贫困户每亩补助50元；在"贷款扶"上，子长农村商业银行股份有限公司加大金融扶持力度，累计投放到户小额扶持贷款145万元，为黄米山村注入村集体扶贫互助资金50万元，有效解决小杂粮产业发展的资金短缺问题。子长市涧峪岔镇高台便民服务中心捆绑扶贫项目资金500多万元，整合以黄米山为中心的6个村的土地，配套完成改造整修、生产道路工程，建立绿色小杂粮原生态种植基地6块，集中连片发展以小米为主的绿色小杂粮产业，并结合村组实际，跟进发展土鸡、湖羊、肉牛产业。

2. 创新运营模式，建立带贫减贫机制

在发展小杂粮产业过程中，强化组织协调作用，大胆探索"企业+基地+合作社+农户"的模式，即由子长市炬丰农业科技开发有限公司牵头，先后成立子长市高台富民专业合作社、子长市好婆姨农产品专业合作社，建立集种植、加工、研发、销售于一体的生产服务体系，形成基地建设、技术服务、生产资料供应、产品研发、加工转化、包装策划、对外营销的完整产业链条。由合作社负责统一翻地耕种、统一提供技术服务、统一供应生产资料；由农户具体负责一线种植管理；由公司负责资金注入、产品研发、加工转化、包装策划、对外营销。与贫困户签订合作协议，由企业为农户免费提供种植谷子或者杂粮所需的各类物资和技术服务，农户按照企业的技术要求与标准自行生产管理，年内企业对符合质量要求的农作物，按照高出市场价的保护价收购。公司对农户种植的农产品采取实名制订单标识营销手段，在种植区块和产品包装中标明农户本人信息。一旦产品出现任何问题，都可以及时追溯源头。通过这种手段既对农户起到监督管理的作用，又可以让消费者买得放心。

黄米山村小米基地员工正在进行小米分包装

3. 发挥带动效应，促进劳动力就业创业

随着小杂粮种植规模扩大，子长市炬丰农业科技开发有限公司还开发许多小杂粮的副产品，如加工老酱、干菜、米粉等。该公司不断加大用工人数，使周边农户在小杂粮种植生产加工产业链中实现就近就地务工，特别是为留守妇女和老人提供创业平台，使他们能够发挥一技之长，足不出户就能增加收入。鼓励和支持群众以带资入股、就业分红等方式创收增收。这项产业的发展每年至少带动500余名群众就业增收，有效吸收农村富余劳动力就业。

4. 实施品牌战略，打好农业"绿色"牌

随着生活水平的提高，人们对农产品的消费理念已经从"吃饱"转变为"吃好"，坚持绿色发展理念生产的高质量农产品越来越受到人们的青睐。子长市涧峪岔镇高台便民服务中心立足于生态、文化、区位优势，以农产品达标合格证、绿色食品、有机农产品和农产品地理标志"三品一标"农产品认证为突破口，着力打造安全优质的特色品牌杂粮，加快推进农业从高产量增长向高质量发展转变，全面提升健康农产品品牌的市场影响力和美誉度。

5. 坚持文旅拉动，助力小杂粮产业发展

为了提升小杂粮的影响力、增强消费吸引力，黄米山村立足于重耳历史文化、狄青山原生态自然风光等独特的历史环境资源，大力发展文化旅游产业，以充沛的文化旅游感染力拉动小杂粮产业发展，以独特的小杂粮品牌力拉动文旅产业发展，促进两个产业有效衔接、深度融合。

成效

1. 产业规模不断扩大

黄米山村无公害小杂粮生产基地面积达 8700 多亩，其中谷子种植面积稳定在 5000 亩左右，谷子年产量达 1500 多吨，产值千万元以上，其中脱贫户种植面积 1200 余亩，产量 360 余吨，产值 300 多万元。

2. 利益联结不断固化

种植户按照企业的技术标准开展耕作种植、田间管理，双方签订订单保价收购协议，企业按照高出市场价的保护价收购。在此模式的带动下，子长市涧峪岔镇高台便民服务中心以黄米山村为中心，辐射带动 6 个村规范化种植小杂粮，带动 312 户 890 人脱贫致富。小杂粮种植产业已成为名副其实的致富产业。

今秋农民喜获丰收

3. 品牌影响力不断提升

子长市炬丰农业科技开发有限公司成功研发小杂粮3个系列11个品牌，注册"黄米山石碾小米""黄米山石磨面粉""黄米山农家干菜"等多个商标。其中，"黄米山石碾小米""黄米山石磨面粉"已获得国家食品安全认证，黄米山系列产品被评为"三秦品牌产品""子长市电子商务进农村推荐产品"，远销国内各大城市，年产值1300多万元。

4. 融合发展不断深入

成功打造"陕北农耕文化体验区""重耳养生谷地质公园""狄青古寨""周家山陕北民俗村"等多处景点，慕名而来的游客络绎不绝。中国民俗摄影协会、陕西省国画院、西安市古琴协会、子长市作家协会等，在周家山自然村古村落建立摄影、国画、古琴、影视、美术、书法等6个工作室，策划开展大型采风写生活动10余次，推动形成"文创基地+乡村旅游+小杂粮销售"模式，增加当地农户收入。

经验与启示

（1）发挥资源优势、回归传统工艺是发展有机杂粮产业的先决条件。子长市涧峪岔镇高台便民服务中心地处偏远山区、高寒地区，土质和空气均无污染。充分利用其土壤、气候、无污染、无残留的资源优势，符合有机农业发展条件。同时，引进推广杂粮无公害、绿色生产等10多项先进的实用技术，建立以小米为主的小杂粮生产基地。在杂粮加工工艺上，将依靠畜力拉动的传统石磨、石碾加工工艺，改进为电磨、电碾加工工艺，避免机械设备碾磨的高温对原粮品质的破坏，完整保留小米中的矿物质、维生素等营养成分。在病虫害防控技术上，主推绿色防控技术，选用抗（耐）病优良品种，合理轮作倒茬，适当晚播，清洁田园，减少田间病虫菌源。同时，施用腐熟有机肥，增施磷钾肥，通过合理布置田间杀虫灯等方式，试点推广绿色农产品标准化集成示范，有效助推小杂粮产业走上高速发展的轨道。

（2）引进龙头企业、发挥带动引领作用是农业产业集群集聚发展的强大动力。子长市炬丰农业科技开发有限公司通过土地流转将一家一户分散经营的农户组织起来，加快新品种、新技术引进，开展标准化种植加工示范，提高小杂粮生产技术水平和种植效益，并辐射带动周边县区集成示范推广，将小杂粮规模做大、质量做优、品牌做精，实现产、供、销一体化，推动小杂粮生产从初级产品出售为主向精深加工产品销售发展，提高产品档次，提升产品附加值。

（3）开展宣传推荐、抢占市场制高点是产业发展的必要条件。子长市涧峪岔镇高台便民服务中心狠抓文化旅游开发建设，采取"互联网+农业+旅游"的模式，以"陕北农耕文化体验区""重耳养生谷地质公园""狄青古寨""周家山陕北民俗村"及"黄米山石碾小米"等系列产品作为主打品牌，多渠道、多形式开展乡村旅游宣传推介。积极协调作家协会、书画协会、摄影家协会等组织在周家山自然村古村落建立6个工作室，策划开展10余次大型采风写生活动。组织城区学校策划开展踏青、野炊、采摘等一系列校外主题活动，让学生体验农事活动，品尝杂粮产品风味，进行实践教育。同时，子长市炬丰农业科技开发有限公司充分利用农交会、农高会等大型展会大力宣传农产品，并通过电视、报纸、互联网、微信公众号等渠道进行宣传推荐。

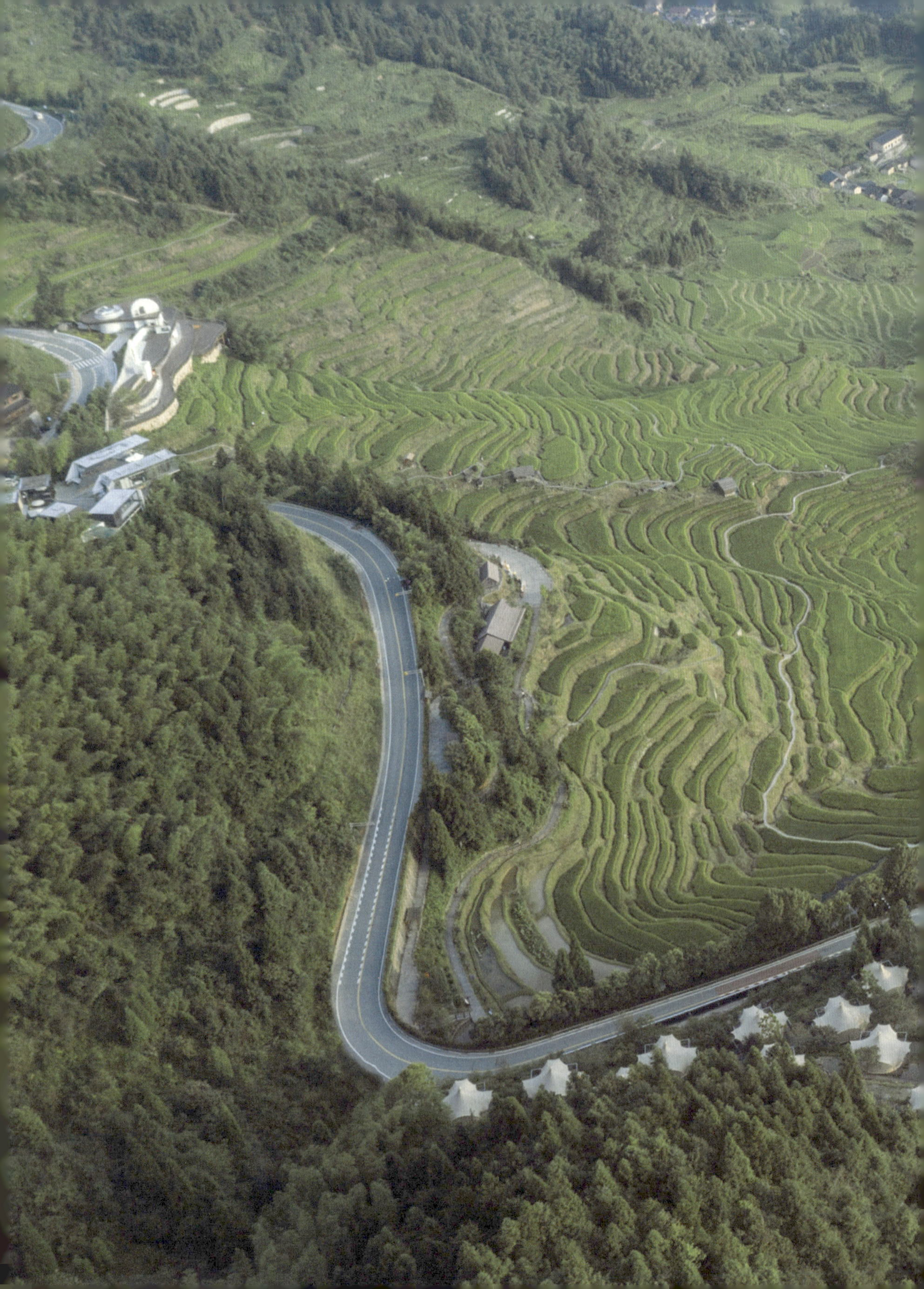

脆弱性群体

提高教育质量，阻断代际贫困
——亚洲开发银行在吉尔吉斯共和国的教育系统发展计划案例

案例类型：教育减贫
关 键 词：学校教育，课程教育
提交机构：亚洲开发银行

摘要

2014年9月，亚洲开发银行（以下简称"亚行"）批准2200万美元赠款，用于提高吉尔吉斯共和国学校教育的质量、可及性和效率。截至2022年10月，该项目部分提高学习和教学材料的质量，并实施教科书租赁计划，提高教师能力并引入教师认证计划，为30所创新学校配备信息与通信技术（Information and Communications Technology，ICT）和科学、技术、工程、数学（STEM）4门课程的设备，并改善部门管理。

背景

吉尔吉斯共和国是中亚最贫穷的经济体之一。2012年，该国人均国内生产总值为1178美元，38%的人口生活在贫困线以下。该国政府于2013年启动的国家可持续发展战略将教育水平低下确定为经济增长的主要障碍之一，它也是贫困水平上升的原因之一。其中，一个主要的挑战是提高学校教育的质量和效率，特别是学习效果差的问题。吉尔吉斯共和国在参加经济合作与发展组织（Organization for Economic Co-operation and Development，OECD）2009年国际学生成就计划的65个国家中排名最后。另一个主要的挑战是体制问题（包括制度问题）、管理教育服务的责任分散、支出效率低下和管理信息系统不足。

项目实施

为响应该国政府需求，亚行提出2200万美元的教育发展计划，以应对其教育方面的挑战和制约因素，并支持实施教育发展战略（Educational Development Strategy，EDS，2012—2020年）及其相关行动计划。该计划通过单独的政策和项目组成部分，设计4项干预措施，以提高课程和学习与教学材料的质量、教师的质量和教师培训，通过创新型学校获得优质教育的机会，以及部门和项目管理。

一是帮助政府制定10~11年级的12门学科（如数学、生物、物理等）的教学标准。这有助于提高10~11年级的教育质量，因为旧的标准已经过时，而且大多是理论性的。为了解决该国教科书短缺问题，该项目帮助建立教科书租赁计划：新教科书由该项目提供，家长向该国教育部下属新成立的教科书代理机构支付少量租金。筹集到的资金可以用于购买更多的教科书，弥补资金不足的缺口。约15%的低收入家庭的孩子可免费获得教科书。该计划帮助教育部（the Ministry of Education，MES）简化教科书开发、印刷、分发和库存管理的流程，有助于改善教科书的供应。

二是首先通过培训学校教师以适应该计划制定的新教学标准作为补充。开发新的联机培训模块，该国几乎所有教师都接受联机培训。新冠疫情期间，联机培训体现出极大的有效性，教师不必前往培训中心即可进行培训。该计划还提供一系列培训，以提高校长的领导能力和学校管理能力。干预措施也协助推动教师资格证书计划。之前没有等级制度，教师对提升教师资格缺少动力。如今，教师的工资取决于教师资格证书等级，这为教师提高技能和学习知识提供强大的动力。

三是建立30所创新学校——试点学校，所有新教材、教师资格证书计划和教科书租赁计划都在这些学校里进行试点。这些学校还为STEM课程提供新的实验室和信息与通信技术设备。

四是有助于改善部门管理，包括预算编制。该项目提出一套改进预算的建议，并为MES关键人员提供预算、规划和管理方面的能力建设；协助建立网上集中教材管理系统。

成效

虽然该项目实施时间比计划长10个月，但采取了所有计划的干预措施。修订后的课程和长期教学模式改善该国10~11年级约12.1万名学生的教育质量。改进后的课程包括普通课程和选修课程，进而改善高中教育与劳动力市场的联系。为了改善学校教育，吉尔吉斯共和国政府计划继续修订与引进各年级的新课程和教学材料。这是学校教育改革的一个良好开端。该项目推出的教科书租赁计划在管理学校教科书库存方面被证明是有效的，并为教科书采购提供额外的资金。该项目帮助该国政府建立教师资格提升体系，更重要的是工资激励可以调动教师提升资格的积极性，反过来这将直接影响教育质量。在该项目下选出的30所创新学校率先试点新的课程和长期教学模式，这些学校的教师首次接受新的教学标准培训，并对数学和科学教室进行翻新，配备现代化的教学设备。30所创新学校已成为该地区其他学校改善 STEM 学科教学的集群（平均 1 所学校为其他 4~5 所学校提供培训），这也对改善普通学校教育产生长期影响。所有成就都符合该国教育部门的长期发展战略，并将补充政府改革学校教育的努力。❶

该项目从该国最贫困和偏远地区选择 30 所试点学校进行改革创新，对 STEM 课程进行改造，并提供现代化的教学设备。通过提高教学标准、教师技能、改善教科书供应等干预措施，该项目使吉尔吉斯共和国最贫困和偏远地区约 6.1 万名儿童获得优质教育，其中包括生活在贫困率超过 45% 的地区约 3.5 万名儿童。

经验与启示

该项目的成功建立在其与该国教育发展背景和政府改革学校教育战略的一致性上。在 2013 年该国制定的国家可持续发展战略中，政府将贫困地区的学校教育确定为经济增长的障碍之一，并提出进行贫困地区的教育改革。该国 2012—2020 年国家经济发展战略为加强教育体系、协调政府和发展伙伴的努力提供一个总体方法，主要围绕经济发展战略进行。

该项目成功的另一个因素是整体干预方法。该项目加强教材的质量、库存管理及其供应，同时提高教师的技能，为试点学校配备现代实验室和信息与通信技术设备，并提高部门管理能力。如果只对某一方面进行有限的干预，如只提供教材或提高教师的能力等，就不会产生可行的效果。

该项目还提供大量信息与通信技术设备，也为该项目的成

---

❶ 2021 年，吉尔吉斯共和国政府发布《吉尔吉斯共和国 2021—2040 年国家教育发展规划》。

功作出贡献，还为教师在线培训制作培训视频，为教师培训机构和30所试点学校提供信息与通信技术设备，开发在线教材管理系统。此外，根据该国教育部的要求，新冠疫情期间，该项目还资助5~11年级6个学科的在线课程的开发，有效地将其用于在线教学。事实证明，在线课程对新冠疫情期间学校因关闭而进行在线教学的情况很有效；为30所创新试点学校提供更好的教学设备，也提高了学生的科技知识和技能。该国的大多数工作岗位都需要一些信息与通信技术技能，越来越多的企业转向开发研究各种技术解决方案。❶

❈──────── 真实故事 ────────❈

该项目从其吉尔吉斯共和国的2139所学校中选择30所学校，为其配备包括信息与通信技术在内的现代教学设备。该项目选中的1所综合学校的化学教师达金·玛米托娃说，正是因为有了这些新设备，学校的教学质量才得到显著提高。以前没有任何设备时，她主要是口头解释课本上的内容，学生们必须记住。课程是理论性的，但对化学学科来说，实验练习是学生学习的重要组成部分。现在，她有机会通过实验室展示实验来支持化学理论部分，学生们受到更多的素质教育。

马哈巴特·赛迪科娃是1名16岁学生阿利努尔·库尔班诺夫的母亲，库尔班诺夫是玛米托娃任教学校的学生。赛迪科娃说，以前学校的信息技术课上使用的几乎是过时的计算机，现在课上使用的都是该项目和其他项目提供的

---

❶ D.侯等人2020年撰写的《为人力资本培养合适的技能：吉尔吉斯共和国的教育、技能和生产力》。

现代化设备。她说，她的儿子非常喜欢这些新设备，对信息技术课程非常感兴趣。现在，他的梦想是长大成为一名信息技术专家，开发各种软件。她相信，在学校获得的技能肯定会帮助他开启梦想之路，那类工作将保证他获得更体面的收入。

为巴西老人和儿童铺就健康之路
——国家电网巴西控股公司健康减贫案例

案例类型：健康减贫
关 键 词：医疗保健，老人，儿童
提交机构：国家电网巴西控股公司

摘要

由于长期预算赤字，巴西国家卫生系统面临着严峻的挑战，特别是老年人的医疗保健问题未引起关注，这严重影响巴西老年人获得健康服务的质量。国家电网巴西控股公司（以下简称"国网巴控公司"）对其现状进行调研后，决定通过巴西税收优惠政策、投入资金支持爱医院（Hospital de Amor）和小王子医院（Hospital Pequeno Príncipe）的发展，聚焦对老年人、儿童和青少年的关怀，支持巴西公共医疗事业健康发展，为老年人、儿童和青少年提供更多健康生活的机会。

背景

由于长期预算赤字，近年来巴西政府采取严格的紧缩措施，因此国家卫生系统在许多地方资金不足，出现一些医院基础设施和设备不足、床位不足、等待治疗的病人过多、不合理死亡等情况。其中，老年人的医疗保健问题未受到关注。目前，巴

西 60 岁或 60 岁以上的人口超过 2300 万人，其中 70% 依赖公共卫生医疗。巴西的老年人口在未来 30 年内可能还会增加两倍，预计到 2050 年将占全国人口的 1/3。

小王子医院

国网巴控公司在对其现状进行深入调研后，决定通过巴西税收优惠政策、投入资金支持爱医院和小王子医院的发展，聚焦老年人、儿童和青少年的医疗保障，为广大民众提供更多健康生活的机会。

项目实施

1. 爱医院与小王子医院

爱医院是一家为患者提供免费癌症治疗、预防、教学和科研的机构，已有 60 年的历史。到 2021 年年底，爱医院共有约 6000 名员工，已经在巴西 18 个州设有分院，为 2259 个城市的患者提供医疗服务。爱医院预防部通过为居民提供完整的援助计划，可以对癌症患者进行早期诊断，从而达到早发现、早治疗的目的，提高患者治愈概率。确诊癌症后，爱医院会进行补充检查和诊断活检，进而确定手术治疗、化学疗法、放射疗法或者激素疗法，并在患者康复后进行康复随访，确保患者完全康复。

在小王子医院治疗的患者

小王子医院是巴西最大的儿童和青少年专科医院，位于巴拉那州首府库里提巴，已经拥有100多年的历史，致力于为巴西各地的儿童和青少年提供32个医学专业的治疗和护理，改善与儿童和青少年相关的健康指标。在百年发展历程中，小王子医院通过援助、教学、研究和社会动员来保护儿童和青少年，并为男女平等的权利而努力，保证为整个巴西的男孩和女孩提供全面而公平的治疗。小王子医院为巴西家庭带来更多健康生活的机会，深刻地影响巴西几代人。

2. 推动实践与科研相辅相成

巴西爱医院和小王子医院都十分注重科研力量的投入，从根本上与医院临床部门保持一致，并为临床部门的个性化医疗发展奠定基础。例如，爱医院专门建有教育和科研学院，在癌症预防、诊断和治疗等方面探索最新方法、应用最新科研成果。通过打造世界一流的现代化科研中心、科研资源之间便捷流通、培养专业人才等方式，使爱医院教育和科研学院在世界医学领域中占有重要地位，是国际癌症基因组联盟（International Cancer Genome Consortium，ICGC）的重要成员之一。该学院的爱医院生物库被认为是拉丁美洲最大的生物库之一，收藏超过29万个正常组织和患癌组织的样本，新冠疫情期间对研究开发新冠疫苗产生重要的作用。

3. 加强人文关怀尽显温情

爱医院通过开展贯穿于癌症预防、治疗和康复全过程的艺术和文化项目，使患者、家属和周围人群在娱乐活动中感受到医院的关爱和人性化服务。

第一，爱医院图书馆共向患者、家属和员工提供5000余册各类图书，丰富大家的精神生活。

第二，利用小丑形象在爱医院推广文化艺术，共为近9万人进行小丑表演，减轻患者住院期间的精神压力，缓解患者的紧张情绪。

第三，2020年，爱医院推出全新的吉祥物形象——友好大象。因为大象有大量的抑癌基因，是癌症发病率最低的动物之一，所以爱医院通过大象这一形象提醒大家增强防癌意识，为保护生命作出自己的贡献。

第四，2021年，爱医院还专门成立音乐、文学、摄影、绘画、手工艺和戏剧共6个工作坊，提高患者治疗期间的生活质量。

小王子医院遵守并参与到联合国契约和全球可持续发展目标的17项议题中，包括健康与保健、消除贫困、促进平等、素质教育等。小王子医院每年还会组织"全生命"运动，动员全社会打击针对儿童和青少年的暴力行为，保护受害者。该运动由社区成员组成的行政委员会具体实施，其下设的多个委员会组织日常活动的开展，参与卫生、人权、教学和研究、立法等领域事项。

成效

2021年，爱医院共接待来自巴西2743个城市的33万名患者，进行化疗超25万次。其中，接待60岁以上老人近17万人，进行手术114万次、化疗近5万次。爱医院根据自身科研和治疗经验，制定新的肿瘤学政策和指南，在巴西国内相关机构的支持和指导下推广标准化治疗方案，造福更多癌症患者。

2021年，小王子医院共接待门诊超30万次，住院2万余人次，进行手术近2万次。小王子医院在年终报告中写道：6年来，国网巴控公司支持小王子医院的各项举措助力巴西儿童和青少年健康指标不断提高，使巴西儿童和青少年获得更多健康生活的机会，非常感谢国网巴控公司的支持并见证医院的发展，也期待该公司的持续支持，一起对更多有需要的孩子产生积极的影响。

经验与启示

在中国脱贫攻坚工作中，预防人口因病致贫、因病返贫是重要的一环。一个人的健康关系着一个家庭的命运，没有全民健康，就没有全面小康。国网巴控公司根据国内实践经验，精心挑选巴西爱医院和小王子医院两个项目，聚焦对老年人、儿童和青少年的关注，支持巴西公共医疗事业健康发展，为讲好中国故事，向世界展示可信、可爱、可敬的中国形象贡献国网巴控公司力量。

国网巴控公司用实际行动证明，中国与世界其他国家是"你中有我、我中有你"的"命运共同体"，中国人民致力于实现中华民族伟大复兴的中国梦，追求的不仅是中国人民的福祉，而且是各国人民共同的福祉。

创新多方共建机制，打造农村残疾人就业新模式
——浙江省淳安县农村残疾人就业增收案例

案例类型： 就业减贫
关 键 词： 残疾人发展，就业
提交机构： 浙江省杭州市残疾人联合会

摘要

农村残疾人是减贫防贫、扩中提低的重点人群，是就业帮扶、乡村振兴面临的重要课题。2021年4月，杭州市在淳安县开展项目试点，探索构建企业、基层组织、残疾人及其家庭多方共赢的农村残疾人就业新模式，助力农村残疾人实现家门口就业增收共富。2022年6月，该项目在浙江省26个山区县复制推广，为推动省域农村残疾人更加充分、更高质量就业，有效防止低收入残疾人返贫、促进残疾人共同富裕提供重要的案例样本。

背景

浙江省淳安县持证残疾人约占总人口数的5.5%，其中劳动年龄段残疾人7000多人。截至2019年年底，该县贫困人口已全部脱贫，但残疾人返贫致贫风险仍然存在。帮助农村低收入残疾人就业是抵御风险、扩中提低的最优方案。而从县域实际看，淳

安县地处偏远山区，交通不便；从产业结构看，该县工业企业较少，岗位空间不足；受身体条件限制，残疾人大多不愿离土离乡进城就业，因此农村低收入残疾人传统的就业渠道不畅，其就业面临重重困难。

项目实施

基于上述背景，杭州市以问题为导向，坚持创新驱动、分类施策、数字赋能，在淳安县试点探索新模式，努力开辟农村残疾人就业的新空间。

1. 坚持创新驱动，打造复合型的农村残疾人就业新模式

创新建立"用工企业—人力资源公司—就业基地—残疾人"四方关联的农村残疾人就业模式。就业基地是承载残疾人就业岗位的平台，由用工企业、人力资源公司和相关主体联合共建，通过签订合作共建协议，明确责权利。用工企业负责就业岗位输出，人力资源公司负责就业岗位供需对接和服务，相关主体负责就业岗位落地。浙江省杭州市残疾人联合会（简称"市残联"）负责试点项目协调推进，县乡两级负责项目实施监管，村社区和残疾人之家等相关主体负责日常管理，构建项目闭环管理机制。截至目前，未出现1例劳动权益纠纷案件。

2. 坚持分类施策，打造多主体的农村残疾人就业新基地

（1）公益型就业基地。针对轻度肢体、视力和听力残疾人，在千岛湖镇、里商乡等17个乡镇，通过开发社区保洁、垃圾分类、花木养护等环境管护岗位，建立村社区公益型就业基地，就近安排残疾人就业。截至2023年4月，共建立公益型就

业基地21家，安排残疾人就业117人，发放工资326万元。

残疾人在淳安县里商乡公益型就业基地工作

（2）职康型就业基地。针对智力、精神和重度残疾人，依托乡镇组织的残疾人之家，建立职康型就业基地。他们在该基地参与由用工企业输出的劳动项目，或加工手工制品、工艺产品（产品由用工企业购买回收）。截至2023年4月，共建立职康型就业基地17家，安排残疾人就业56人，帮助增收157万元。

（3）内置型就业基地。针对其他残疾人，依托企业组织的残疾人之家，建立企业内置型就业基地，由人力资源公司指导残疾人之家开发适宜岗位。截至2023年4月，已依托两家残疾人之家建成内置型就业基地，并安置残疾人就业68人，帮助增收193万元。

上述3类就业基地均由残疾人与用工企业或人力资源公司签订劳动合同，用工企业和人力资源公司签订劳务派遣协议，用工企业为残疾人按月发放工资，并缴纳五险一金。

残疾人在淳安县千岛湖镇的内置型就业基地工作

3. 坚持数字赋能,打造智慧化的农村残疾人就业新引擎

研发农村残疾人就业智慧平台,创新建立"2个储备池+1个智配中心+1个管理中心",即在残疾人端建立就业人员储备池,在用工企业端建立就业岗位储备池,在治理端建立就业岗位智配和管理中心。依托农村残疾人就业智慧平台,残疾人和用工企业可实现就业岗位的自动化精准匹配与双向推送,残疾人和用工企业可自主双向选择,同时实行可视化的在线考勤、技能培训、绩效评价、项目管理和跟踪反馈。

成效

自2021年4月试点至今,经过阶段性的探索实践,该项目取得明显成效。

1. 开辟农村残疾人就业新路径

该项目帮助农村残疾人摆脱传统就业渠道的限制，实现就近就便就业，广受残疾人好评，也获得用工企业和人力资源公司的认可。截至2023年4月，残疾人与用工企业签约241人，实现年人均增收2.8万元以上。

2. 提供农村残疾人防贫新样本

该项目得到省级、市级领导的充分肯定。浙江省残疾人联合会同浙江省人力资源和社会保障厅、浙江省发展和改革委员会、浙江省财政厅、浙江省税务局等审慎研究，对该项目的推广价值进行充分论证，于2022年6月正式面向浙江省26个山区加快发展县复制推广。截至2023年4月，已累计助力浙江省1200名残疾人实现就业，帮助增收3240万元，其中，与杭州市"山海协作"的衢州市，通过该模式已安排315名农村低收入残疾人就业，实现增收870万元。

经验与启示

1. 政策激励是重要支撑

国家颁布《关于完善残疾人就业保障金制度 更好促进残疾人就业的总体方案》《机关、事业单位、国有企业带头安排残疾人就业办法》《促进残疾人就业三年行动方案（2022—2024年）》等系列政策文件，特别是"探索残疾人按比例就业多种实现形式"的新规定，为杭州市创造性实施、创新性实践，探索构建多元共建、多方共赢的农村残疾人就业新模式提供政策依据，为其他地区尤其是山区县乡村振兴和农民增收提供杭州经验。

2. 机制创新是重要驱动

围绕帮助农村残疾人减贫防贫、就业增收的目标，通过机制创新，整合各方资源，并以契约的形式将农村残疾人就业新模式涉及的四方主体关联起来，使"用工企业—人力资源公司—就业基地—残疾人"四方凝结成利益联合体、命运共同体。同时，秉持闭环管理理念，由市残联会同县乡两级加强监管，确保该项目在法律框架和机制制约下规范运行。

3. 数字赋能是重要保障

由人力资源公司打造农村残疾人就业智慧平台，精准对接供需双方需求，智能匹配就业岗位，自动推送就业岗位和人员信息，打破时空限制，在云端实现项目管理，并为残疾人提供线上服务。同时，全国推行的残疾人按比例就业情况联网认证"跨省通办""全省通办"，为该项目在其他地区的复制推广提供技术保障，有效规避残疾人多头就业的风险。

真实故事

项建银是淳安县里商乡里阳村的一名肢体残疾人，独自抚养正上大学的儿子，家庭生活困难，靠兄弟接济。2021年5月，他通过淳安县残疾人联合会了解到杭州市专门设立农村低收入残疾人家门口就业岗位后当即报名，经过面试培训，成为公益型就业基地的一名员工，负责村口执勤和环境管护。入职后，他高兴地说："上个月我领到2000多元工资，还有近500元公积金。以后每个月不仅有固定工资，还有五险一金。我能靠自己贴补家用，孩子的学费也有着落了。"

中国农村地区0~3岁婴幼儿照护普惠服务解决方案
——养育未来项目案例

案例类型：儿童发展
关　键　词：婴幼儿照护，社会组织
提交机构：浙江省湖畔魔豆公益基金会

摘要

养育未来项目是一套通过科学影响评估的、适合农村的婴幼儿照护服务的解决方案，在当地系统性地培养项目所需的服务、督导与管理人员，通过标准化操作手册和数字化运营管理系统保证项目有效运行，建立政府、公益组织、学术机构与企业等多方合作的模式，助力国家政策完善，最终推动0~3岁婴幼儿照护作为一项普惠民生服务，能够在中国农村地区落地和普及。

背景

中国3700万名3岁以下的儿童有近40%生活在农村地区，这些儿童的家庭养育环境明显落后，儿童早期发展滞后的风险非常高。0~3岁是儿童发展的重要窗口期。我国0~3岁的儿童早期发展尚处于观念缺失、关注度低、投入有限的起步阶段。

特别是在贫困的农村地区,婴幼儿接受早期养育的质量低,家长缺少基本的早期照护知识及方法,忽视婴幼儿的发展需求,进而造成儿童早期发展滞后的风险。

项目实施

1. 项目模型

5 年中,养育未来项目已经形成自己的一套项目模型,与当地县政府签订合作协议,采取"政府主导"的工作策略在县域落地。该项目模型包含以下内容。

(1) 项目管理架构。县政府成立领导小组,主管部门(如卫生健康局)设置 1 个管理中心,下设养育中心或服务点。

(2) 项目配备。

人员配备。管理中心配备 1 名主任和 3 名管理干事,养育中心或服务点配备 25~30 名养育师,管理干事和养育师均在当地进行招募、培养。场地配备。项目选择在人口聚集的乡镇建设 3~7 个养育中心,面积合计 800~1000 平方米;对于居住较分散地域的家庭,项目提供家访服务。物资配备。日常运营所需物资包括玩教具、绘本、游戏设施和日常物资等。

(3) 服务容量。该项目年均服务 800~1000 个家庭,通过亲子课程和集体活动为家庭提供服务。

(4) 资金规模。该项目服务成本约为每个婴幼儿家庭 2500~3000 元,以 3 年为 1 个合作周期。第一个合作周期内,政府提供场地硬装改造并承担日常空间运营费用,由浙江省湖畔魔豆公益基金会筹措资金提供项目所需的物资和日常运营费用(包括人工成本和差旅费)等;第二个合作周期内,政府财政承担 50% 及以上的项目运营费用,随着项目持续开展,所在地政府财政后期投入力度不断加大。

养育师和儿童在养育中心做游戏

2. 项目的服务模式和内容

为了增加服务的可及性和便利性，结合当地地形及儿童居住分散状况，该项目主要采取养育中心和养育服务点两种服务模式。

项目服务内容基于一套有中国知识产权的、经过多年实践验证有效的养育未来课程❶，从儿童需要角度出发，设计集体课程、一对一亲子互动课程，对6~36个月的婴幼儿按照月龄和周龄进行科学干预，干预过程中强调亲子互动、家庭干预，强调全覆盖。服务递送结合现实需求适配线下和线上两种模式。

---

❶ 养育未来项目亲子活动课程是在中国发展进入新时代的背景下开发出的一套适合中国国情，具有中国特色，适用于6~36个月的婴幼儿的认知、语言、运动、社交、情绪、能力发展的方案。

成效

1. 项目的实施进展

自2017年年底浙江省湖畔魔豆公益基金会推动项目以来，在国家卫生健康委员会人口家庭司的指导与支持下，该项目已在5个原国家级贫困县落地（陕西省宁陕县和清涧县、江西省寻乌县、贵州省紫云苗族布依族自治县、广西壮族自治区环江毛南族自治县）。截至2022年12月，已累计建设39个养育中心、12个养育服务点，培养240名在地服务和管理人员，累计服务0~3岁婴幼儿近1万名、照养人超1.5万人，开展亲子课程25万余节、集体活动近2万场。

2. 项目的影响评估

养育未来项目长期以来持续通过研究跟踪分析和改进项目，并致力于利用技术工具提高运营效率和效果，以确保项目有效回应"降低农村地区0~3岁婴幼儿发展滞后风险"的目标。

养育未来研究团队开展系列影响评估。从2012年年底开始，养育未来开发使用的课程方案在家庭和社区的服务方面具有成本效益。[1] 2018年，该项目在陕西省宁陕县探索"政府主导"的县域模式。经过首轮为期3年的随机干预试验评估，结果表明该项目对婴幼儿沟通、精细运动能力、早期综合发展水平有显著提高，并对儿童认知发展在4~6岁阶段产生积极影响。

---

[1] 从2012年年底到2017年，养育未来项目先后开展多次调研，并通过多项随机对照试验对2000余名儿童及其家庭进行横跨5年的数据收集和对照，从而评估早期养育干预的中期影响。

3. 项目的长期影响

养育未来项目符合当前中国社会经济发展需要，回应2030年可持续发展目标对"所有儿童的高质量学习的强调"。

第一，对儿童来说，该项目可以缩小因早期发展滞后而带来的能力和成绩差距，长期来看有利于就业、收入、职业发展等个人成就。

第二，对农村女性来说，该项目提供对职业技能和领导力的学习机会。

第三，对家庭和社会来说，该项目旨在推动打破贫困代际传递。

经验与启示

在多年的实践过程中，该项目逐渐厘清家庭、政府、社会力量（如公益基金会）、村镇或社区等各方在婴幼儿照护服务体系构建过程中的角色与分工，同时经过严格的财务测算，每名婴幼儿照护所需成本投入是可控的。从项目运营与综合成本两个方面来看，该项目可复制、可持续。

该项目的运营实现"四位一体"，即家庭照护尽主责、政府主导起作用、社会力量有所为、村镇或社区可依托。

1. 家庭照护尽主责

以陕西省宁陕县为例，在运营的最初阶段，大多数家长尤其是农村家长还没有认识到0~3岁的教育对孩子成长的重要性，他们的观念还停留在"吃饱穿暖不生病就好"的层面上，甚至连进入养育中心需要换鞋套都可以成为家长不来的理由。随着项目的推进，年轻的妈妈在养育中心找到了更多的交流对象，在学习和分享中解决了育儿困惑，养育路上不再孤单。整个农村社区形成和谐氛围，村风民风不知不觉之间向善向好。

2. 政府主导起作用

该项目的落地与持续有效运营离不开政府的主导作用。一方面，按照国家政策方向支持项目落地。另一方面，在具体运营过程中政府提供组织保障。

3. 社会力量有所为

浙江省湖畔魔豆公益基金会作为该项目的发起方，在实践过程中已经形成 1 套系统性解决方案：1 套经过评估、公开出版的儿童早期发展课程教材；1 套完整的项目落地执行指导手册；1 套（本地）养育师和督导团队的培养赋能体系、执业标准体系；1 套基于数字化技术、开放性的项目运营经验体系和管理系统或平台。

相应的研发成本均由浙江省湖畔魔豆公益基金会承担，同时该基金会还派出专业团队为项目落地和运营提供联合管理指导支持。一方面，当地养育师与实操督导团队培养效率大幅度提高；另一方面，自行研发和有效运营系统平台能够全方位地对项目进行过程管理，保证最终照护效果。养育未来项目已将上述经验和能力总结提炼为 1 套完整的项目实施复制指导手册。

4. 村镇或社区可依托

该项目基于村镇或社区闲置设施建设以家庭为主的服务支持空间。养育未来项目根据项目点的聚居情况和地理交通条件，将养育中心模式和家访模式结合，力求最大程度地覆盖家庭。

真实故事

该项目实施前，14个月的茉茉不会走路，不能清晰吐字发音，运动能力和语言能力发展明显滞后。茉茉的主要照养人是她的奶奶，奶奶在生活中更关注茉茉的衣食住行、吃喝拉撒，忽视对其发展的回应性照护及早期学习。该项目实施后，奶奶通过学习逐渐认识到早期教育的重要性，虽然所受教育文化程度有限，但在养育师的专业指导下，奶奶开始积极地和茉茉进行日常互动，跟她做游戏、看图给她讲故事。很快，茉茉学会走路，大动作发展有进步，胆子也大了很多，愿意和同龄小朋友交流，能清晰地说一些叠词"妈妈""爸爸""哥哥"等，对陌生的玩具和书籍有了更多探索。参与项目两年后，奶奶也从以前孙女只要能长大就好到相信她能考上大学。

农村学生视力关爱项目
——陕西、甘肃和宁夏贫困县的视光中心模式案例

案例类型：健康减贫
关 键 词：视力健康，农村学生
提交机构：陕西师范大学

摘要

2020年，我国儿童、青少年的整体近视率为52.7%，并呈现上升和低龄化趋势，而农村学生总体近视率高、配镜率低，其防治管理中存在的薄弱环节需要给予特别关注。从2014年起，陕西师范大学教育实验经济研究所探索建立农村地区政府主导、多部门联合的学生视力关爱筛查—转诊服务模式，完善县级地区眼视光服务能力，提高农村学生的视力健康保障水平，改善农村学生的视力健康状况、学习成绩和心理健康状况。

背景

2012—2014年，陕西师范大学教育实验经济研究所在全国7个省超过1000所农村学校开展的研究发现，有24%的小学生、50%的中学生和72%的高中生存在不同程度的视力问题。

联合国世界卫生组织（World Health Organization，WHO）等多部门强调，佩戴合适的眼镜是矫正视力问题最为简单、有效的方式，但我国农村学生配戴合适眼镜的比例总体低于近视

率。在调查的样本学生中，小学生的配镜率不到25%，而初中、高中近视学生的配镜率也仅为37%和69%。研究表明，县级以下的视力筛查普及度较低、质量差及基层医疗卫生机构服务提供不足；农村地区学生及家长对近视问题重视程度不足，对矫正视力问题普遍缺乏正确认识是农村学生配镜率低的主要原因。

项目实施

为切实有效且长期地解决农村学生的视力问题，基于项目前期的研究结果，从2014年起，陕西师范大学教育实验经济研究所与陕西、甘肃、宁夏等的22个贫困县区开展深度、密切、长期的合作，成立县级视光中心进行政策试点，为农村学生提供长期、持续的入校视力筛查和高质量视力矫正服务。整体来说，该项目的实施过程分为模式探索、监测评估和推广复制3个阶段。

1. 模式探索

政府主导、多部门联合对农村学生视力关爱筛查—转诊服务模式的探索。

（1）视光中心。成立政府主导、多部门联合的农村学生视力关爱县级视光中心。在县级人口规模超过20万人的地区，由政府牵头，卫生、教育或其他政府相关部门提供建设场地，该研究所承担全部费用完成前期建设。建设具体事项包括装修，全套视力筛查工具、验光检查及配镜设备等，视力关爱宣传材料、手册等。

（2）能力建设。完成、夯实县级视光中心提供视力关爱服务的能力建设。

专业技术能力。该研究所联合中山大学眼科中心、辽宁何氏医学院和天津市眼科医院,为政府选出的3名全职视光中心工作人员提供眼视光相关的专业技术培训,他们通过严格的考试后取得国家认可的验光师资格证和定配师资格证。同时,邀请眼视光专家到视光中心进行现场实操指导。

标准化服务能力。该研究所邀请国内外权威眼视光专家到视光中心进行标准化眼视光服务流程和服务技巧的培训、指导,相关人员通过考核取得结业证书。

项目执行管理能力。该研究所和政府面向社会公开招募有志于从事农村学生视力关爱服务工作的项目经理,由其负责视光中心的管理工作。其管理工作具体包括把控执行流程标准化、执行质量,确保"精"准到人;负责科研数据收集、管理和人员管理等。该研究所支付视光中心能力建设产生的培训费及其他相关费用。

(3) 启动项目。教育部门牵头启动针对全县学生的视力筛查—转诊工作方案。该研究所与教育局深度合作,教育局发文通知项目开展具体实施过程和学生视力筛查—转诊工作方案的具体要求,组织召开全县中小学校长参加的项目启动会,要求各校对项目实施给予足够重视和大力支持。

(4) 开展视力筛查。教育部门组织开展全县视力筛查,发挥视力关爱工作对教育精准扶贫的保障作用。通过各校选派教师参加视光中心组织的视力筛查培训或视光中心入校协助教师进行视力筛查的方式,对全县中小学生进行初步视力筛查。对视力筛查未达到正常视力标准的学生,教师给学生发放《告家长书》告知家长项目开展背景及孩子的视力情况。持续跟踪监测全县学生视力,建立动态视力跟踪档案。

(5) 视力复查。视光中心为全县有视力问题的学生提供科学、全面的视力复查和验光检查。视力筛查未达标的学生由家长带至视光中心，工作人员为其提供进一步全面系统、免费的视力复查和验光检查服务，对确认需要配镜矫正的学生会告知学生及家长。

县教育局组织开展针对全县学生的入校视力筛查工作

（6）免费配镜。视光中心为农村学生提供高质量眼镜的全额资助。根据学生和家长的意愿，视光中心为需要进行视力矫正的学生提供配镜服务的全额资助，从经济上减轻农村学生配镜的家庭负担，帮助学生看得更清、学得更好。

2. 监测评估

县级视光中心模式的成效监测和评估。为准确评估县级视光中心模式在提高农村地区学生视力健康服务的可及性，改善农村学生视力健康和提高学业表现，落实其在精准扶贫、脱贫中的作用，该研究所开发了实时、动态的农村学生视力关爱筛查—转诊数据管理和监测平台。通过该平台远程实时监测各县项目实施进程，把控各个环节的执行力度，保证执行质量，提高相关各方能力水平。同时，也更有利于该研究所总结经验，及时调整、完善执行细节，厘清县级视光中心模式在我国精准扶贫、脱贫工作中的重要性。

3. 推广复制

县级视光中心模式的推广复制。基于项目经验，该研究所最终形成一套高效、低成本、常规化、可持续的农村学生视力关爱筛查—转诊体系，完成政府主导、多部门联合的农村学生视力关爱筛查—转诊服务模式探索，将这套针对农村学生视力问题的有效、系统的解决方案推广复制到中国西部其他农村地区，助力国家精准扶贫、脱贫工作政策号召，实施真正的惠民工程。

给孩子们一个清晰的视界

成效

在儿童青少年视力健康扶贫政策引导下，政府主导、多部门联合的农村学生视力关爱筛查—转诊服务模式有力地促进我国西部农村地区学生的视力健康服务和教育工作的发展，产生了良好的效益和实质性的社会影响。

（1）完善县级地区眼视光服务能力，提高农村学生的视力健康保障水平。自2012年起，该项目共投入4000万元资金，全额资助政府主导、多部门联合的农村学生视力关爱筛查—转诊服务模式探索。该项目已覆盖20多个贫困县区，受益人群500万人，培训农村视力筛查教师1000多名。

（2）改善农村地区学生的视力健康状况、学习成绩和心理健康状况。该研究所通过影响评估发现学生近视后越早发现并及时配戴眼镜对学习成绩的正向影响越显著。早发现、早配镜，学生的配镜率和眼镜使用率都可以显著提高1.4倍，标准化数学测试成绩也显著提高0.25个标准差。近视学生配戴眼镜1个学期，视力明显少下降视力表的0.23行，显著降低身体焦虑状况0.07个标准差。

（3）探索出的政府主导、多部门联合的农村学生视力关爱筛查—转诊服务模式，大幅度提高政府公共服务能力。在国家健康扶贫工程和教育精准扶贫工程指导下，该研究所与县级政府、教育、卫生等部门构建的可持续农村学生视力关爱平台——县级视光中心模式，通过为中国农村学生提供广泛高质量的视力关爱服务，为农村家庭提供实际帮扶，提高农村家长、学生对视力问题重要性的认识，改善学生视力状况，提高学习成绩，从而提升贫困农村儿童的自我发展能力；同时，提高政府公共卫生服务条件和能力，降低政府公共卫生服务成本，提高群众对政府公共服务的满意度,实现五方共赢。

(4)构建实时、动态的农村学生视力关爱筛查—转诊数据监测管理平台。基于政府主导、多部门联合的农村学生视力筛查—转诊服务模式,开发出一整套实时、动态、可监测的农村学生视力健康档案管理平台,形成系统化、电子化的学生视力健康数据采集流程,为所有学生建立完备的终身视力健康档案,为国家决策机构及当地政府部门在更大规模、范围内推广和实施项目提供专业化、标准化、可持续、可跟踪的学生视力健康档案管理平台。

(5)推动国家和地方政府的政策倡导。该研究所基于大量的视光中心试点经验,向国家决策机构及地方政府部门提供政策建议,将学生视力保护工作纳入国家公共教育和健康体系。2013年11月,该研究所提交"我国贫困地区农村小学生近视防控现状及其政策建议"的政策研究简报。2014年,该项目推动陕西省和甘肃省(合计1亿人口)农村学生视力保护政策的改变。

经验与启示

(1)解决农村学生视力问题需要多方资源、多个部门共同参与。儿童、青少年近视防控是一项系统工程,需要全社会营造政府主导、部门配合、科研团队指导、学校教育的良好氛围,建立健全综合防治的干预体系,共同探索出政府主导、多部门联合的农村学生视力关爱筛查—转诊服务模式,多方联动地推进近视防控精准扶贫、精准脱贫工作,让每一个孩子都拥有一双明亮的眼睛和光明的未来,实现多方共赢。

(2)全面有效地开展农村中小学生视力筛查工作,多渠道加强近视知识宣传教育。教育、卫生等各级政府部门应当密切配合，有效开展农村中小学生视力筛查工作，及时掌握农村学龄儿童的近视及矫正情况。近视知识的宣传工作应结合具体实际，力争宣传到校、教育到人，使学生、家长、教师对近视问题有科学、清晰的认识，明确"科学预防、及时矫治、长期监督"的重要性，让农村青少年近视问题摆脱被忽视、被错视的状态。

（3）关爱农村学生视力健康，应结合信息化技术，建立可监测的学生视力健康电子档案。教育部门和学校要配合卫生健康部门开展视力筛查，共同做好近视发生率、配镜率等眼部健康数据的报告和统计分析；要及时把视力监测和筛查结果记入儿童、青少年视力健康电子档案，动态监测儿童、青少年不同时期屈光状态的发展变化；确保一人一档，随学籍变化实时转移，并与中小学生视力检查衔接，充分发挥教育部门在视力健康扶贫中的作用。

（4）健全完善农村近视防控及医疗服务保障体系。在财政上，可考虑将必要的近视矫正费用纳入新型农村合作医疗体系。一是建立专项资金提高农村基层医疗机构视力健康服务水平。二是分情况、有重点推广农村学生配镜补贴试点工作，如短期内允许视力筛查未达标学生在指定地点免费配镜；将贫困学生的近视矫治费用全额纳入新型农村合作医疗体系等，切实落实健康扶贫，这将对提高农村贫困地区人力资本和缩小贫富差距具有重要的现实意义。

真实故事

张玲玲是距离县城最远的山村小学五年级女孩。上课时，她因为无法看清黑板上的内容，甚至无法跟上老师讲

解的节奏，所以感觉学习越来越吃力，以至于影响在班级的名次。直到视光中心到学校筛查出和玲玲一样饱受视力困扰的孩子们时，玲玲得知视光中心为他们配镜提供全额资助的好消息。她的心情既激动又矛盾。一方面，她渴望通过努力学习改变命运；另一方面，她不知道谁可以带自己去路途很远的视光中心做详细的检查。玲玲的母亲因一次意外身患残疾，至今仍未康复，父亲外出谋生，唯一可以带她去的爷爷无法理解她近视的情况。

就这样，检查视力并配眼镜的事被搁置。直到视光中心打电话详细解释玲玲近视及会全额资助配镜的情况时，玲玲一家才决定由爷爷陪她去视光中心。经过往返5个小时的奔波、一系列专业的视力检查和1个多小时的等待，玲玲终于戴上人生中的第一副眼镜。改变悄然发生了。玲玲对学校由从前的畏惧到逐渐喜欢，从以前抵触家庭作业到现在享受完成作业的过程。另外，在最近的一次考试中，她的排名上升至班级的中上游。玲玲也变得更加自信和乐观。

"小教育"助力"大振兴",手工艺帮扶失业女性

——浙江省宁波市镇海区职业教育中心学校帮扶案例

案例类型：教育减贫
关 键 词：女性发展，就业减贫，东西部协作，手工艺
提交机构：浙江省宁波市镇海区职业教育中心学校

摘要

农村女性就业难是当前实现共同富裕面临的重要难题。浙江省宁波市镇海区职业教育中心学校探索建立乡村手工艺互助机制，利用四川省凉山彝族自治州（以下简称"凉山州"）和浙江省宁波市东西部协作的契机，充分发挥职业院校专业优势，组织凉山籍学生和当地手工艺人结对帮扶凉山州失业女性，多元合作，调动社会力量参与，完善动员机制，创新社会帮扶方式，推动乡村女性群体守望相助，进一步完善社会救助体系，为农村群众提供可靠、充分的就业补充保障，切实减轻了农村女性的生存压力，提升社会融入感，有效减少返贫问题。

背景

甬凉携手，山海有情。2021年，在新一轮东西部对口协作

中，浙江省宁波市接棒广东省佛山市对口协作四川省凉山州。宁波市镇海区职业教育中心学校先后迎来40余位凉山州学生。经过走访调研，该校了解到凉山籍学生的家境普遍贫困，针对学生学习基础薄弱、家庭负担较重、技能学习欲望较强等现实因素，成立校级协作团队，立足学校专业建设背景，结合凉山彝族地域文化和民族特色，将蓝染与彝族刺绣工艺结合，打造现代韵味的手工艺品牌"有点蓝"。

项目实施

在上述背景下，该校按照"学校引导支持，社团组织发动，群众自愿参与，社会组织支持"的思路推动开展手工艺帮扶活动，不收取培训费，手工艺品及延伸服务收益均按劳分配。基本做法是在学校引导下，凉山籍学生和专业教师组建有点蓝手工艺帮扶社，设计新式图案，线上录制微课，线下村社开展公益培训，将技术创新、宣传推广、培训普及作为工作重心，聚焦制造业转型浪潮下中年失业女性的生存困境，向失业女性传授蓝染与刺绣工艺，帮助她们摆脱生存困境。

1. 明确定位，创新帮扶理念，完善动员机制

该校研究制订《进一步发挥专业优势开展社会服务助力东西部协作的工作方案》，发出倡议书，以旅游文创等专业教师、学生爱好者为基础组建社团，明确运行管理机制、社会服务要求、考核评测要求，并给予专项资金引导。同时，实现"双维"帮扶目标，引导凉山籍学生提升专业技能，引导失业女性找到谋生新出路。在目标引领下，发挥职业院校专业特色，融合凉山州与宁波市两地的地域文化，设计出具有传统韵味、符合现代审美的布艺品，既传承非遗文化，又改善凉山籍学生和受帮扶女性的生活

水平，建立"块状联动—条状帮扶—点状补充"的手工艺人培育链。

社团学生参加商圈集市活动

2. 师生主导，严格执行流程，实施分层帮扶

该校以有点蓝手工艺帮扶社为载体，以自愿参与为原则，在校内面向凉山籍学生设置选修课，开展线下教学，以3个月为周期检验教学成果，开展评级评分，成绩优秀者被聘为"金牌小讲师"，以后为失业女性进行公益授课。在校外联系村社，对潜在受助对象的基本情况进行调查和摸排，针对需求设置3个环节：一是课前团队研习，改进工艺，设计课程，录制微课，线上宣传，提高"有点蓝"系列产品的知名度；二是课中集中宣讲，注重实践，传授技能，设置初级班、中级班和高级班，帮助服务对象实现"三有"目标，即技术有进步、心态有调

整、生活有改善；三是课后跟踪辅导，长期引导，解决困惑，协助处理订单、货源、品牌、商标等方面的常见疑难问题。帮助成熟的服务对象完成角色转换，使之成为志愿服务团队的一员，形成良性循环，进一步发挥带动作用。

3. 多元合作，整合社会资源，落实长期孵化

该校着力打造多元化帮扶平台，将短期培训与长期孵化相结合。与凉山州当地村委会、社区合作，精准研判服务对象，做到摸排精准、对象精准、帮扶精准；与凉山州、宁波市两地民间文艺家协会合作，引入专家资源，将传统非物质文化遗产元素融入布艺品设计；与行业协会、文创企业、酒店民宿合作，对接市场，积极拓展营销资源，让手工艺品走近消费者，提高受助对象的收益；与社群平台"手工客"App合作，加大对失业女性帮扶的宣传力度，开发线上课程，扎根手工艺爱好者，进行普及宣传，同时协助受助对象在酒店、商场展柜、大型展会和工艺品专卖店中投放产品。

"有点蓝"团队导师指导当地女性传承非遗文化、主动创业

成效

（1）弘扬邻里守望地域相助的传统美德，提高乡村振兴实效。经过两年多的实践，该校共培养校内公益小讲师 160 余位，其中凉山籍学生 36 名，占凉山籍学生总数的 86%。这些学生利用业余时间开展创业活动，进行公益授课，累计帮扶凉山、宁波两地失业女性 1160 多人。受助对象的平均年龄是 46.5 岁，她们对手工艺帮扶普遍给予好评。有点蓝手工艺帮扶社每年为受助对象带来超过 2.8 万余元人均收益，同 30 余家企事业单位形成合作关系，线上课程全网浏览量超过 20 万次，呈现基层组织高度认可、群众积极参加活动、社会层面主动支持的局面，有力促进乡村振兴建设。

（2）强化教育参与社会服务的长效机制，降低贫困发生风险。该校结合实践经验，联合开放大学县级分院、成人学校、社区学院、行业协会、基层村社建立"手工艺帮扶共同体"，提炼并总结"服务、学习、反思"3S 实践帮扶新模式，充分发挥学校、社会、个人三方作用，调动社会力量参与，为失业女性提供可靠、充分的补充保障，切实减轻群众的经济负担。该项目入选 2022 年全国中学生志愿服务示范项目，荣获第五届全球未来教育设计大赛教师赛道一等奖，被联合国教科文组织 IITE 教师电子图书馆收录，并受邀在全球智慧教育大会、北京师范大学第八届智慧学习学术周发布主旨报告，推广实施经验，获与会专家学者高度评价。

经验与启示

宁波市镇海区"有点蓝"东西部协作项目是由学校发起，

利用职业院校专业优势，结合彝族非物质文化遗产开展手工艺品帮扶的基层公益互助活动。贯彻"小教育"助力"大振兴"的理念，宁波市镇海区的经验和启示值得借鉴。

宁波市镇海区职业教育中心学校"有点蓝"系列作品展示

1. 因地制宜、技术创新是重要基础

学校坚持尽力而为、量力而行，围绕立德树人这一根本任务，充分调研学生成长需求和地域发展实际，聚焦失业女性这一特殊群体，以手工艺作为帮扶切入点，利用市场手段，满足受助对象的迫切需求。同时，积极创新技艺，把传统非物质文化遗产彝绣和蓝染相结合，打造具有传统韵味、符合现代审美的手工艺品，增强帮扶的实效性和延伸性，用真心、动真情、下真功扎实引导、支持、推动，提升受助对象自身的"造血"能力，为基层公益化互助奠定扎实的基础。

2. 流程完善、长期结对是重要前提

学校在制度设计上，十分注重"课程化、普惠化、标准化"，为受助对象设计分阶段培养方案，设置第一关"新手关"

"熟手关""高手关",注重培养技艺创新能力、原创设计花纹图案,形成个人风格,建立品牌影响力,让受助对象能够有实实在在的获得感,充分调动他们积极参与的热情。同时,建立手工艺人档案库,长期跟踪,在受助期结束后认真回访、解决困惑、广泛宣传。

3. 专业服务、规范管理是重要保障

学校引入多元主体,协同推进手工艺帮扶。发动师生组成公益培训的核心团队,成员涵盖旅游文创、工艺美术、电子商务、数字媒体等多个专业,避免以往此类帮扶聘请专家、短期恶补等问题。学校师生利用社会服务,提升技能水平,符合人才培养方案要求;受助对象利用业余时间学习手工艺,小班化运作,灵活机动;村社解决扶贫帮困难题,围绕主责主业;社会组织扩大影响力,培育社群。参与各方普遍反映,这种方式既扎实有效,又简单易行。

真实故事

廖安现是四川省凉山州金阳县木府乡仓房村人。她的家庭收入主要靠丈夫外出打工,她在家照顾两个孩子。由于两个孩子相继上学,加上老人患病,所以家庭开销逐渐增多,她计划外出打工。2022年年初,在当地村委会的动员下,她参加"有点蓝"手工艺帮扶活动,2022年5月顺利结业,独立承接订单,制作布艺品,家庭经济负担得以减轻。目前,她又作为社团的公益讲师在家乡传承彝绣技艺,带动其他妇女创业。

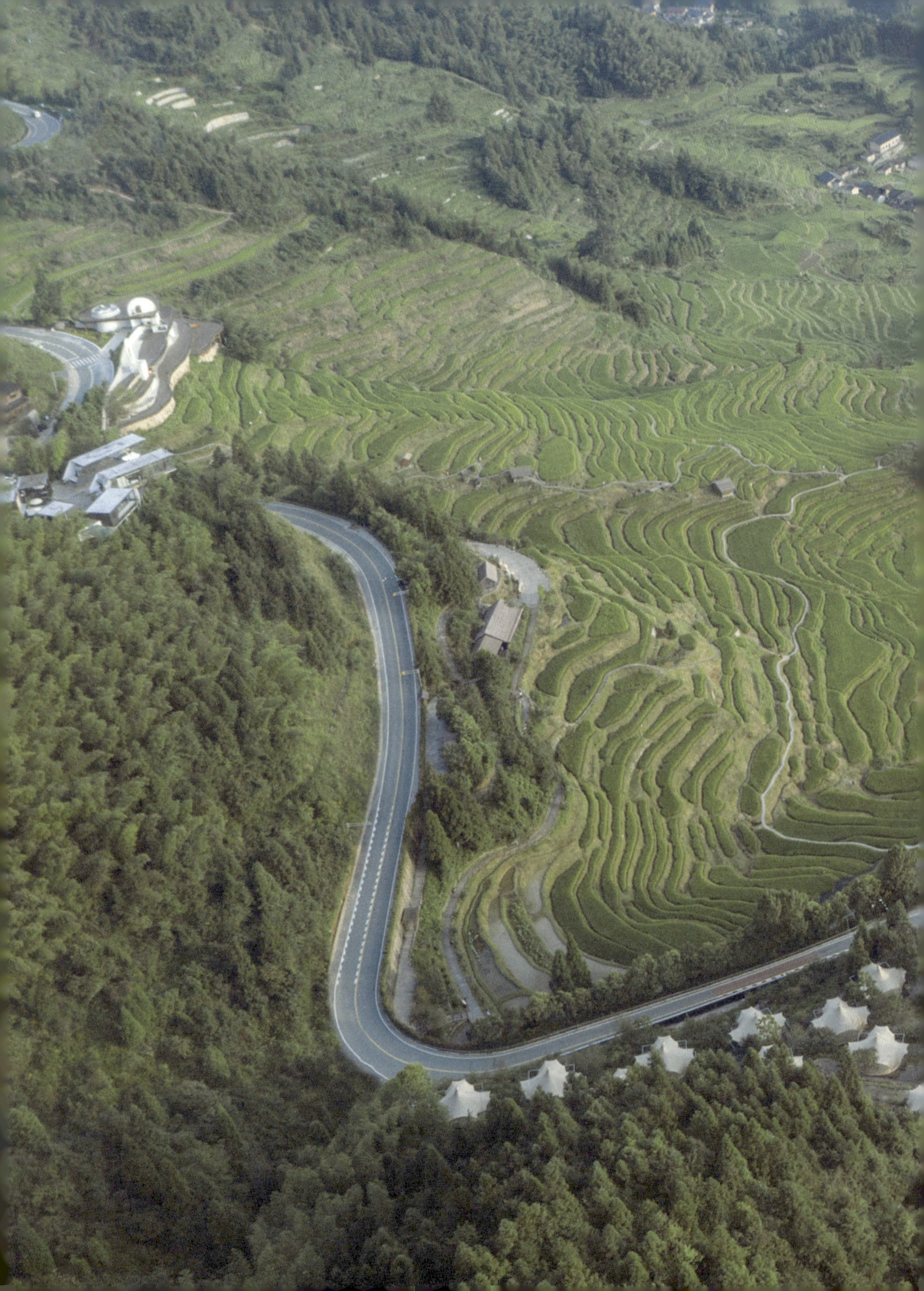

减贫项目实施与管理

农民专业合作社主导农业产业价值链发展
——四川省叙永县世界银行六期项目案例

案例类型：产业减贫
关 键 词：合作社，特色产业，产业价值链
提交机构：四川省叙永县外资扶贫项目管理办公室

摘要

中国政府与世界银行（以下简称"世行"）合作，对中国贫困农村主导发展方式开展翔实的调查研究和试点，在此基础上实施"世界银行贷款贫困片区产业扶贫试点示范项目"（以下称"世行扶贫六期项目"），借鉴、学习国际先进经验和做法，探索出以农民专业合作社为依托、以构建特色产业为重点、以生态环境保护和贫困农户可持续增收为目标的综合产业链发展模式。经过多年发展和实践，该项目已成为联农带农、衔接产业发展链条的重要载体，在助推脱贫致富和乡村振兴战略中发挥独特作用。

背景

长期以来，中国农村扶贫普遍采取传统的政府主导的模式，大多容易导致合作社和农户参与的积极性不强、参与程度不高，农民能力提升缓慢，特别是其自我组织、自我管理、自我发展

和自我监督能力不足，缺乏可持续发展的长效机制等问题。2012年，中国政府和世行合作实施世行扶贫六期项目，旨在探索通过扶持农户自发建立以市场为导向的合作社，为其提供与产业发展相配套的基础设施和服务体系支持，初步构建当地特色支柱产业体系，形成综合产业链发展模式，提高农民组织化程度和参与市场竞争、应对市场风险的能力，促进农户增收致富。

2016年，四川省泸州市叙永县世行扶贫六期项目启动实施，项目总投资1.1亿元人民币，其中世行贷款827.38万美元。该项目区域覆盖赤水镇、石厢子彝族乡、水潦彝族乡等3个乡镇20个行政村10 650户47 367人。其中，覆盖贫困村15个、贫困户2180户10 054人，覆盖妇女人口22 803人、少数民族人口16 858人。

项目实施

为确保世行扶贫六期项目成功实施，叙永县依托当地特色主导产业，探索出合作社作为带动主体在推动农业产业链发展中的新路子，助推脱贫攻坚和乡村振兴。

1. 建立健全项目领导、管理、技术支持体系

按照"项目领导体系""项目执行体系""项目技术支持体系"设置组织管理机构。叙永县成立由县长担任组长的项目领导小组，作为该县实施项目的领导机构；专门设置叙永县外资扶贫项目管理办公室（以下简称"县外资办"），作为该项目的组织实施机构；成立由专业技术骨干组成的项目技术咨询小组作为该项目的技术支持机构；项目乡镇分别成立项目管理工作站、村成立项目监督小组，以及村党支部、村委会和合作社作

为该项目的执行机构,形成从上到下的组织领导、管理监督、技术支持体系和网络。

2. 组建规范的农民经济合作组织

叙永县以行政村为单位,县外资办、项目技术咨询小组、辅导员深入项目村,通过宣传动员引导群众(特别是贫困群众)加入合作社,积极主动参与产业发展,严格按照《中华人民共和国农民专业合作社法》等法律法规组建合作社,依法选举产生合作社理事会、监事会,指导制定合作社章程和日常管理制度、财务管理制度、公益金提取和使用办法、利润分配办法等。同时,根据合作社和项目村的现状,讨论制定合作社产业发展模式。叙永县共组建合作社20个、联合社1个,合作社社员占项目区总人口的37.3%,妇女社员占项目区妇女总数的25.2%,少数民族社员占项目区少数民族人口的26.8%,脱贫社员占项目区脱贫人口的83.4%。

利用世行贷款建造的四川省叙永县鸡鸣三省大桥

3. 配套建设完善公共基础设施和服务

该项目共完成新建和整治村内道路（含生产便道）60千米；建设各类型蓄水池、灌溉系统等水利设施，安装电力线路、变压器等电力设施；建成50头规模以上肉牛养殖圈舍43个及相应附属设施；完成养殖场环境处理设施建设；采购一批农用设备；完成258公顷甜橙、150公顷辣椒及84公顷牧草栽种；采购养殖能繁母牛、育肥肉牛近2200头；聘用合作社辅导员7人次和财务技术人员3人，完成农产品包装设计2个，建设产品信息电商平台1个，获得甜橙"有机食品认证"1个。

合作社的甜橙、辣椒套种基地

4. 探索灵活多样、可持续的产业发展模式

根据合作社与各村的实际，项目村和合作社组织社员探讨制约产业发展的主要问题，制订合作社投资计划书及相应的项目实施规划。县外资办组织有关部门和技术专家就合作社产业

发展意愿的技术、市场、资金、政策可行性进行评审，根据合作社的不同情况，采取"肉牛养殖+牧草种植""肉牛养殖+甜橙种植""肉牛养殖+牧草种植+甜橙种植""长期产业+短期产业"的灵活多样、可持续的产业发展模式，使合作社的产业发展具有可持续性。

5. 健全完善紧密的利益联结机制

在该项目实施过程中，叙永县采取"政府支持引导+合作社联合社+合作社+农户（社员）"的产业发展合作模式，建立利益联结机制，即政府在政策、资金、技术等方面给予支持保障；合作社联合社负责产品物资供销、包装物流、市场开拓、品牌打造、技术支持等；合作社负责组织社员发展产业，提供技术指导、生产物资采购、发放、产品回收、利益分配等；农户（社员）按合作社要求生产、出售农产品。

成效

通过该项目的实施，合作社在增加农户收入、改善基础设施条件、提高农民组织化程度、改善生态环境等方面取得明显成效。

1. 经济效益

该项目选择在叙永县贫困程度较深的地区实施，交通、水利等基础设施得到明显完善，极大地改善当地群众生产生活条件，加快区域经济发展步伐。

（1）股本金。形成合作社社员资产股本金4499.14万元，社员自筹股本金455.03万元，在合作社的量化股本金为4954.17万元，社员人均股本金为1167.64元。

（2）社员收入。合作社社员通过股份分红的增收为户均

100~1000元/年，务工增收为人均500~3500元/月，出售饲料饲草、甜橙、牛犊等增收为户均100~5000元/年，种植辣椒户户均增收超过1万元/年。

（3）贫困户收入。仅2021年，项目区贫困农户从该项目中获得的人均纯收入达1250元，扶贫效益显著。

（4）合作社盈利。到2022年年底，该县21个合作社中有17个近5年财务累计盈利为正值，盈利率达80.95%；有3个合作社实现分红，其中叙永县水潦铺弘基养殖专业合作社在四川省率先实现分红。

2. 生态效益

该项目的实施始终坚持"绿水青山就是金山银山"理念。该项目以基础设施建设及特色农牧业发展为重点，随着项目的实施，当地种植养殖的不规范操作得到改善，特别是肉牛养殖场环保设施及粪污消纳管网的实施和利用，农业及畜禽面源污染得到控制，农村环境卫生明显改善。种树种草使植被覆盖率提高，水土流失得到治理，生物多样性增加。开展生态农业建设和推行无公害食品行动计划，当地水环境、大气环境质量明显提升，实现项目区赤水河流域生态绿色发展，也为实施"碳达峰碳中和"战略贡献贫困山区的力量。

3. 社会效益

该项目建成后，项目区农户通过参与项目规划、实施、管理和监测评估的全过程，极大地发挥其参与经济发展、社区事务管理的积极性和主动性，转变观念，提高自我发展能力，推动项目区内和谐文明发展。该项目主要在边远贫困地区和少数民族地区实施，促进民族团结进步和少数民族地区经济社会和谐发展。

该项目直接受益42 556人，占项目区人口总数的89.84%，累计受益妇女 22 942 人、受益贫困社员 12 087 人、受益少数民族人口 11 805 人，特殊群体受益明显。

经验与启示

1. 强化组织技术保障

该项目及时印发《叙永县世行扶贫第六期项目建设实施意见》，成立由县政府县长担任组长的项目工作领导小组。县委、县政府把世行扶贫六期项目纳入该县重点项目建设工作，纳入年度目标绩效考核。县外资办调整为副科级事业单位，落实编制 10 人，工作经费列入财政预算。成立由 36 名专业技术骨干作为成员的项目技术咨询小组，为该项目实施提供全方位技术保障和服务。

2. 深度聚焦重点

（1）聚焦工作机制。每月专题梳理汇总进度情况，及时解决项目推进中遇到的困难，每季度至少召开 1 次项目推进现场会，交流经验，邀请技术咨询专家指导，总结推广在实施项目中好的措施、办法。

（2）聚焦产业发展模式。采取"专业合作社+农户"模式发展产业，统一技术、统一标准、统一培训、统一生产、统一管理、统一销售。实行"肉牛养殖+甜橙种植+短期经济作物"的种植养殖循环模式，长短结合，保障农户收益，即在甜橙基地套种短期经济作物辣椒、西瓜等，实现农户增收。

（3）聚焦利益联结机制。通过"20+1"，即在 20 个村级合作社的基础上，组建 1 个合作社联合社，发挥合作社联合社在农业生产资料购买和农产品销售上的规模优势，实现大规模购销，提高社员集体的经济效益。

3. 准确把握关键环节

（1）加强建章立制，印发《叙永县农民专业合作社运行、管理指导意见（试行）》，制定相应制度，规范项目申报、审批、实施、监督、验收等程序。

（2）严格选人用人，推选能力强、清正廉洁的村社干部或能人担任合作社的负责人。

（3）加强监督管理，成立乡镇和村、合作社项目实施监督小组，实行全过程监督管理。

（4）规范财务运行，聘请专业财务人员负责21个合作社的财务管理和会计核算工作，确保合作社的规范运营。

― 真实故事 ―

叙永县大文宏基养殖专业合作社邀请有志青年李猛回乡担任理事长。他一上任，就果断采取"以短养长"模式，与成都、重庆等地的餐饮企业签订订单，带领社员在甜橙基地中套种辣椒，合作社盈利达10万元，户均增收超万元，还带动周边合作社和农户种植辣椒近千亩；及时调整肉牛产业发展模式，采取"合作社集中发展基础母牛、社员分散养殖育肥牛、集中销售商品牛"的"三段式"模式，扩大基础母牛群，调动农户积极性，建立紧密的利益共享机制；实行种植养殖生态循环发展，将养殖污水引入果园、饲草基地用于施肥，达到粪污自然消纳、农作物生态发展、生产成本明显降低的目的。

互联网资深员工驻扎县域，助推乡村发展形成新局面
——阿里巴巴乡村特派员项目案例

案例类型：人才振兴
关 键 词：乡村特派员，产业振兴，科技振兴，民生保障
提交机构：阿里巴巴公益基金会

摘要

为了助力中国县域从脱贫迈向振兴再到实现共同富裕，2019 年，阿里巴巴公益基金会创新启动"乡村特派员"项目，派驻资深员工到县域，寻找制约当地发展的"痛点"，整合阿里巴巴集团控股有限公司（以下简称"阿里巴巴"）的资源，助力县域高质量、可持续发展。截至 2023 年年底，阿里巴巴累计派出 29 位乡村特派员，先后驻扎在甘肃礼县、云南澜沧拉祜族自治县（以下简称"澜沧县"）、浙江景宁畲族自治县（以下简称"景宁县"）等全国 27 个县域，逐步探索出互联网企业助力乡村脱贫与乡村发展的创新模式。2023 年，乡村特派员所在县域在阿里巴巴平台的销售额达 16.4 亿元；累计为其中 20 个县引入就业项目，带动就业超万人次；为县域新建和改造卫生室近 936 个，累计受益人口超 156 万人。

背景

从2019年6月起,阿里巴巴连续派出资深员工作为乡村特派员驻扎到欠发达县域。这些县域普遍存在发展掣肘的问题:有一定的产业基础,但受环境条件限制,思想观念和认识滞后,导致发展氛围不浓;基础设施比较弱,社会资源缺失;人口素质相对较低,实用人才短缺等,导致县域发展受限;缺乏科技资源,缺少数字化思维及运用能力。

项目实施

阿里巴巴乡村特派员到达县域后,充分调研县域,了解实际问题,按照县域规划方向,因地制宜地协调阿里巴巴平台及生态资源,围绕县域产业、人才、科技及民生方向,开展如下帮扶工作。

1. 发挥电商优势,助力产业转型实现可持续发展

乡村特派员根据当地的产业发展情况及需求,链接县域政府和商家,依托内部平台资源和外部生态资源。

在渠道上,线上以协调淘宝网、天猫商城、淘宝直播、盒马等平台资源和头部品牌的生态伙伴资源为主,助力县域农产品销售;线下打通盒马鲜生,与县域合作打造"盒马村",根据市场要求和需求创新农业精品的同时,探索出"订单农业"新模式,让原产地优质农产品实现既丰产又丰收,助力县域实现从"品"到"业"的产业转型升级及可持续发展。

在县域品牌建设上,首先,通过阿里巴巴"寻找远方的美好"项目吸引超1000名阿里巴巴与社会机构的公益设计师,从农特产品包装、文旅产品到县域品牌提供全案设计;其次,通

过"寻味乡村"项目，聚焦各乡村特派员所在县农产品的深加工产品创新，帮助县域打造桌面零食系列；通过阿里巴巴公益基金会与天猫超市喵满分共同发起"寻味热土"项目，甄选县域有强烈商业化意愿及能力的工厂进行"一对一"帮扶，提升生产、研发、营销全链路运营能力，配合天猫超市喵满分的系列包装，从而快速树立市场品牌。此外，在农文旅品牌打造上，阿里巴巴联合旗下飞猪旅行和高德地图平台，通过培训文旅人才、打造精品文旅路线、开发数字攻略和高德"一键智慧游"等一系列举措，形成人货场融合发展模式，帮助县域实现以农促旅、以旅兴农、农文旅品牌融合发展的模式。

2. 注重人才培养，提供多元就业构建当地人才体系

乡村特派员紧跟国家数字经济发展方向，引入阿里巴巴客户体验中心、数字标注中心等新型数字化就业项目，为当地提供家门口就业的机会。这些就业项目员工月薪平均4000~5000元，收入最高超过万元，良好的办公环境及薪资吸引越来越多的年轻人返乡就业。此外，落地假发社区工厂、穿戴甲社区工厂、非物质文化遗产手工业等就业项目，满足留守妇女兼顾赚钱和照顾老人小孩的需求，同时促进非物质文化遗产传承与发展。2023年，阿里巴巴初步探索在县域开设品牌代播基地，以为天猫商城、淘宝网等品牌商家提供性价比更高的代播服务的方式，为当地青年提供主播、运营等就业岗位，岗位平均月薪为2000~5000元。该举措盘活了当地人力资源，打造校企合作的样板。

建设一支"带不走"的人才梯队。乡村特派员在当地广泛开展电子商务陪跑计划、民宿培训等项目，从专业设置、课程设计、师资培育等方面帮助欠发达县域培育、储备人才，并通过阿里巴巴"橙点同学"普惠教育平台，为职业学校学生提供数字就业技能培训及奖学金支持，为县域留住人才。同时，乡村特派员还通过引入物流、金融基础设施等资源，助力县域创

建良好的营商环境，吸引更多年轻人返乡创业就业。此外，培养大量的公共服务人才，落地"养育未来"计划、乡村教育计划、职业教育计划、基层医生培训等项目，实现教育全年龄段覆盖，丰富人才梯队类型。

阿里巴巴客户体验中心的员工

3. 发挥科技优势，赋能农业增强乡村数智化能力

乡村特派员结合县域实际需求，协调科技资源，将其应用于生产、物流、销售、治理、教育、文化等多个领域。在农业领域，与中国农业科学院作物科学研究所合作开展"田间课堂"项目，通过开展线上、线下培训，培养新农人学习、应用新技术和新产品，种植优质品种技术试验示范田近5000亩并实现增收；在乡村治理维度，引入钉钉"百姓通"项目推进乡村治理的数字化发展，提高政府的办事效能；在文化领域，通过阿里巴巴公益基金会、88VIP团队和淘宝设计团队联合打造

"守护远方的美好"项目,通过挖掘县域非物质文化遗产特色及历史古建在淘宝网平台上线数字藏品,捐赠会员换购藏品所得部分金额给县域,以助力县域文化遗产的保护与发展。

4. 补充民生支持,健全优质保障

乡村公共基础设施完善是乡村振兴的关键。2023年,乡村特派员团队聚焦医疗、儿童、适老化3个方面加强民生保障,对县域基建进行有力的补充。教育方面,通过乡村寄宿制学校计划在不同地区的项目试点学校,打造农村寄宿制学校样板,助力各地小微学校进一步撤并,在学校建设、管理、生活教师培训等方面帮助乡村儿童健康快乐地成长。医疗方面,通过淘宝网公益宝贝平台中的"乡村医疗计划"、"小鹿灯"儿童重疾救助项目等推动乡村卫生室建设及优化,完善农村卫生资源配置,并为乡村重疾儿童家庭带来新的希望。适老保障方面,通过"爸妈食堂"助老爱心餐项目、"黄扶手计划——居家助老行动"等公益项目,有效提升老年人的生活幸福感。

"乡村医疗计划"改造后的卫生室

成效

1. 县域产业持续升级

在品牌升级方面，该项目已为13个县域设计全套的县域品牌方案，并在多个县域场景进行应用，助力县域品牌升级。在物流体系完善方面，为乡村特派员县域建成17个物流共配中心、4个产地仓，解决了农产品上行难题。在农产品规模化销售上，通过全平台营销矩阵和全域传播矩阵的搭建，形成线上、线下全渠道的营销体系，2023年阿里巴巴重点县域销售额达16.4亿元；通过盒马县（村）的深度合作帮助县域实现订单农业，截至2023年年底，阿里巴巴公益基金会已推动盒马在7个重点县域落地"盒马村"。在文旅方面，乡村特派员所在的永顺县《数字攻略文旅服务平台助力乡村振兴》案例被列入"2023世界旅游联盟——旅游助力乡村振兴案例"。

2. 人才培养成果凸显

在就业上，乡村特派员通过数字客服、数字标注、主播代播等就业岗位，帮助县域孵化数字化人才，激发县域活力。截至2023年年底，就业项目已覆盖20个县域，累计带动超万人就业。据统计，在乡村特派员所在县域的就业基地中，年轻人返乡工作率达30%。在培训上，乡村特派员开展的多元化培训项目为县域人才提供丰富的成长课程，在乡村特派员所在县域不定期开展，线上、线下培训超5万人次。

3. 科技民生支撑

乡村特派员以阿里巴巴平台的优势，持续利用阿里巴巴内外部资源开展科技创新和民生支持，为乡村百姓谋福祉。科技创新驱动县域高质量发展，截至2023年年底，已完成14个项目，覆盖文旅、农业、溯源、文物保护、数字化便民服务等领域，不断探索互联网优势与乡村实际需求紧密结合的创新路径。保障民生是县域发展的根本，通过联动各大公益机构联合开展民生项目，持续为县域做支撑，并成为搭建互联网公益平台带动生态及商家共同参与乡村振兴的创新实践案例。截至2023年年底，"乡村医疗计划"已覆盖11个省（自治区）17个县，为936个乡村卫生室提供设备支持，开展村医培训238场，累计受益人数已达156万人。

经验与启示

1. 注重精准匹配供需，确保取得实效

阿里巴巴发挥自身优势，对内、外部资源进行充分挖掘、协调和整合，为乡村特派员提供全方位的"弹药库"。这些乡村特派员都是具有较强的政企协同、产业规划、项目执行能力，以及强烈社会责任感的优秀员工。他们一方面要当好"侦察兵"，全方位了解基层政府和群众的痛点、难点，带回来真问题、真需求；另一方面要发挥"千斤顶"作用，在巩固脱贫攻坚成果的基础上围绕产业、人才、科技等方向，根据县域实际与阿里巴巴平台优势，制订行之有效的互联网助力乡村振兴方案，协调县域各种资源，抓好项目落地实施。

2. 注重链接各方资源，确保精准落地

独木难成林，众志才成城。该项目为纯公益性项目。阿里巴巴充分调动内部每个单元的积极性，吸引更多的社会资源共同投入乡村振兴事业，实现社会力量的大协同。通过该项目，链接广阔的外部资源，包括公益基金会、企业、直播机构、高等院校等，他们通过无偿的资助、零收益的授课或直播参与进来，促进项目精准落地。更为重要的是，这些资源的背后还有千千万万的商家和消费者。正是通过乡村特派员这一纽带，让因乡村振兴事业而汇聚的善意、资源和能力成为助力乡村振兴的强大引擎，这也是项目可持续的根本保障。

3. 注重挖掘项目的成长性，持续发挥作用

乡村特派员机制退出后，项目是否具有成长性、能否给当地产业带来长期改变，这是每个乡村特派员必须面对的问题。确保项目的成长性既要靠阿里巴巴根据县域需求持续优化项目内容，又要靠乡村特派员选准目标和方向持续推进。

4. 注重构建机制的可持续性，能复制、可推广

阿里巴巴希望通过乡村特派员机制授人以渔，培育这些欠发达县域的"造血"能力，推进乡村可持续发展。比如，数字就业项目的引入使县域通过该类项目打造数字产业名片，成功撬动县域数字就业产业的持续发展。又如，数字文旅项目通过建设全县的数字旅游攻略和高德"一键智慧游"的县级目的地，用游戏化、攻略化、体验化的方式推广生态资源，对生态保护地区推进数字乡村建设具有较好的借鉴意义。

—— 真实故事 ——

河北省青龙满族自治县（以下简称"青龙县"）的板栗种植面积达到百万亩，是国内板栗最大的原产地，但多年来都是产量大、知名度不高，以线下客商收购为主，栗农缺乏主动议价权。针对上述问题，乡村特派员刘琳通过阿里巴巴联系盒马平台，争取到产品盲测的机会。在多次盲测中，青龙县的板栗都获得较高评价，并争取到与盒马平台合作的机会。通过盒马平台的指导建议，在青龙县开发高附加值产品

（如冰板栗、糖炒板栗、板栗老冰棒等新品），设计具有县域特色的产品包装，拓宽淘宝直播、盒马鲜生等销售渠道，加强对留守女性的产品知识培训及直播培训，并同步建立200多个村级物流网点。通过一系列举措，推动当地板栗从初级农产品向农商品到农精品的升级，实现收购价翻倍、物流成本大幅度降低，电商企业从20多家增加到500多家，农民拥有板栗定价权。小板栗成了金栗子。栗农握着乡村特派员的手感慨道："乡村特派员打开了一扇窗，钉下了一颗钉，撒下了满天星。"

"小岗位"发挥"大作用"
——山东省济南市脱贫帮扶公益岗案例

案例类型：就业减贫
关 键 词：脱贫帮扶公益岗，动态监测
提交机构：山东省济南市乡村振兴局

摘要

山东省济南市按照"就业围着增收转、岗位跟着群众走"的工作思路，把公益性岗位作为"脱贫不脱扶"的一项重要举措，锚定提升动态监测效能、压实帮扶责任目标任务，在山东省率先开发设置脱贫帮扶公益岗，打造一支本土化的社会帮扶队伍。脱贫帮扶公益岗优先选聘脱贫人员，利用脱贫人员长期居住在本村、了解村情民情、熟悉帮扶政策等优势，开展监督政策落实、协助监测预警等工作，成为一支"撤不走"的动态监测帮扶常态力量。截至目前，济南市4698个行政村实现脱贫帮扶公益岗设置全覆盖，其中安置脱贫人口1200余人。

背景

2023年发布的《关于做好2023年全面推进乡村振兴重点工作的意见》指出，要增强脱贫地区和脱贫群众内生发展动力，充分发挥乡村公益性岗位的就业保障作用。

按照相关部署要求，山东省统筹各方资源，开展城乡公益性岗位扩容提质行动，扩大公益性岗位规模，强化乡村振兴领域岗位设置，有力促进农村困难群众就业增收。

2022年，济南市莱芜区创新思路、用活政策，率先在该区79个脱贫村设置脱贫帮扶公益岗68个，明确报名申请、民主评议、审核公示、岗前培训、岗位设置、考核监督等各环节工作要求，为济南市创新做好防返贫动态监测帮扶提供路径参考，被新华网、山东电视台等新闻媒体多次进行宣传报道。

项目实施

1. 拓展岗位功能，破解成果巩固难题

（1）设置协助落实政策功能，破解帮扶弱化难题。针对脱贫攻坚结束后帮扶责任人思想松懈、帮扶质量下降的问题，脱贫帮扶公益岗共设置11项工作职能，包括及时提醒帮扶责任人每月开展入户走访，及时了解和掌握脱贫户各项帮扶政策落实情况，有效督促帮扶责任人履职尽责。同时，能够帮助和协调帮扶责任人、村"两委"做好脱贫户人居环境治理等工作。

（2）设置动态信息收集功能，破解精准识别难题。脱贫帮扶公益岗从业人员，一方面按照村"两委"提供的信息参与动态监测户识别排查工作；另一方面能够及时将本村新产生的困难群众的诉求及时收集上报，做到符合条件的困难群众应纳尽纳、应帮尽帮。

（3）设置脱贫成效监督功能，破解一线监管难题。脱贫帮扶公益岗从业人员具有监督扶贫专岗人员、监督本村孝善扶贫

政策落实的权力,具有帮助协调完成各级各类检查考核、督导调研的职责,具有协助做好相关问题的核实和整改的义务,有效延伸监管触角,是脱贫攻坚成果的一线守护者。

2. 做好岗位开发工作,推动工作落细落实

(1) 严格选人用人。脱贫帮扶公益岗的开发设置,原则上济南市987个脱贫村每村至少设置1个专职岗位,其他行政村根据工作需要可单设或兼职。人员优先从脱贫人口中选聘,确无符合条件的,可从农村大龄人员等群体中选择。选聘人员严格按照身体健康、熟悉村情民情、具备较高的政治思想素质和组织协调能力、善做群众工作等标准择优选择。

(2) 强化资金保障。脱贫帮扶公益岗统一实行政府补贴,济南市投入财政资金4600余万元用于岗位补贴,各区县坚持专款专用,补贴标准按照镇村乡村公益性岗位补贴标准执行,脱贫人口补贴、意外伤害商业保险使用乡村振兴部门各级财政衔接资金,农村大龄人员等群体补贴、意外伤害商业保险由县区统筹解决。

(3) 营造浓厚氛围。注重发挥驻村第一书记、村干部和帮扶责任人的作用,通过入户走访、发放明白纸、乡村大喇叭等方式,切实做好脱贫帮扶公益岗政策宣讲工作,鼓励符合条件的脱贫人口积极报名。

3. 强化岗位管理,确保形成长效机制

(1) 强化统筹协调,部门形成合力。乡村脱贫帮扶公益岗的开发原则上在每年第一季度由人社部门集中进行,县区乡村振兴部门要及时与人社部门做好沟通协调,做好岗位开发与设置,组织各镇街开展村居计划从业人员摸底,落实好上岗人员。

（2）强化业务培训，人员专业上岗。县区、镇街注重分级加强对脱贫帮扶公益岗从业人员的培训指导，由乡村振兴、住建、医保等相关职能部门依据工作职责，对从业人员开展相关政策的培训，提高从业人员的责任意识和业务水平。

（3）强化监督考核，岗位公益为民。脱贫帮扶公益岗从业人员要建立帮扶工作日志，如实记录走访脱贫户帮扶工作的具体内容和时间及解决的实际问题。村"两委"每日对脱贫帮扶公益岗从业人员进行考勤，建立考勤台账并进行公示。镇街乡村振兴部门做好考勤情况汇总，通过实地走访、入户调查、电话回访等形式，对从业人员的工作质量进行监督，严防脱贫帮扶公益岗成为个别村干部优亲厚友、拉帮结派的新途径，激发"小岗位"发挥"大作用"。

成效

1."小岗位"发挥监督力，政策落实更精准

脱贫帮扶公益岗从业人员，一方面有效督促帮扶责任人履职尽责；另一方面参与动态监测预警和排查工作，既发挥脱贫户与帮扶责任人之间的桥梁纽带作用，又发挥风险摸排"信息员"和信息采集"情报员"作用。截至目前，济南市脱贫帮扶公益岗共发现并协助落实帮扶政策100余人次，共收集研判各类预警信息2000余条，其中20户被纳入监测帮扶对象均落实低保、临时救助等帮扶政策。

2."小岗位"发挥带动力，就业增收更稳定

给钱给物，不如给个好出路。脱贫帮扶公益岗充分考虑脱贫群众家庭实际情况及个人身体状况，为其安排最适合的岗位，真正实现人员与岗位的精准匹配，充分发挥脱贫群众的特长，真正变"输血"为"造血"。岗位从业人员每人每月收入800元左右的岗位工资，每年增收近万元，既解决脱贫群众的稳定就业和持续增收问题，又进一步激发脱贫群众的内生动力，让他们在就业增收中获得尊严、生活更有幸福感。

3. "小岗位"发挥凝聚力，干群关系更紧密

脱贫帮扶公益岗的设置让农村困难群众广泛参与脱贫成果巩固、乡村建设和环境治理等工作，从基层治理的旁观者变为工作落实的参与者，逐步成长为村"两委"的"左膀右臂"、基层治理的"生力军"。莱芜区东榆林村是济南最早设置脱贫帮扶公益岗的村，在脱贫帮扶公益岗的带动下，全体村民观念转变、角色转换、行为转向，村里难事有人管、村民急事有人帮，村民从"一盘散沙"到一呼百应，彻底解决"干部热火朝天干，群众叉着腰看"的难题。

经验与启示

1. 坚持以点带面，实践是认识的来源

济南市积极发挥工作先进地区示范引领作用，在充分总结莱芜区经验做法的基础上，通过外出学习调研，结合当地实际创建，经过半年的良好运行，进而在全市推广。为更好地指导各区县开展工作，2023年3月，济南市在莱芜区召开开发设置脱贫帮扶公益性岗位现场推进会，印发《关于在全市开发设置脱贫帮扶公益性岗位的通知》，明确工作要求，压实各级各部门责任，让有生命力的基层经验在更广的范围落地生根。

2. 勇于开拓创新，改革是破题的利箭

济南市坚持问题导向，把压实帮扶责任作为工作靶心，结合城乡公益性岗位扩容提质行动，创新思路、打破常规，将公益性岗位的类型设置由治安巡防、环境卫生等，扩展到防返贫动态监测和帮扶，打造一支"撤不走"的本土动态监测帮扶队伍，为巩固拓展脱贫攻坚成果奠定基础。

3. 强化基层自治，村民是治理的主角

确保不发生规模性返贫，村级是第一道堤坝。巩固拓展脱贫攻坚成果同乡村振兴有效衔接，村民是第一主体。乡村的建设和治理，群众是最大的靠山。济南市通过开发设置多种功能类型的乡村公益岗，努力形成政府引导、村民自治、社会参与、激励有效、约束有力的村级公益事务共管共享长效机制，既节省村内开支、为村民办了实事，又树立和睦互助、热心公益、奉献社会的乡村文明好风气，推动村民自我管理、自我服务、自我教育、自我监督，使"小岗位"释放"大能量"。

真实故事

王玉成是济南市莱芜区茶业口镇东榆林村的脱贫户，也是该村的脱贫帮扶公益岗从业人员。上岗以来，他每天尽职尽责，为在规定时间内把全村走访一遍，每天要走20多里山路，走访10多户村民，详细询问村民的生活情况和需求。他走到哪里就在哪里写帮扶日志，村民家里、田间地头都是他工作的地方。在他的帮助下，留守老人王庆菊顺利办理残疾证，并落实低保政策。王玉成已经成为村"两委"的得力助手，村民贴心的"勤务员"。

莱芜区茶业口镇东榆林村脱贫帮扶公益岗从业人员王玉成（右一）入户走访脱贫群众

"乡村合伙人"模式激发乡村发展内生动力
——山东省泗水县龙湾湖乡村振兴示范区案例

案例类型：旅游减贫
关　键　词：乡村合伙人，文旅产业
提交机构：山东省文化和旅游厅

摘要

山东省泗水县通过建立新型"乡村合伙人"模式，搭建乡村创业平台，引导整合各类社会资源投入龙湾湖乡村振兴示范区建设，破解乡村发展"人财物"难题，打造创客村落、文创小街、研学美食、露营民宿等文旅新业态，带动以夹山头村、东仲都村、南仲都村为核心的周边18个村庄、3000余户村民脱贫致富，激发乡村发展内生动力，形成绿水青山生态资源与文旅新业态相呼应、生态文明与文化艺术相连接的典型发展模式，走出一条文旅产业与精准脱贫融合发展的特色之路。

背景

龙湾湖乡村振兴示范区位于山东省泗水县，由于地处山区，优质的文化资源和生态资源挖掘不够，村民缺少自觉将资源优势转化为产业优势的能力，难以实现相关资源的有效利用。以东仲都村为例，2019年以前，该村为省定贫困村，共有村民

576户、1787人。其中，原有贫困户150多户，县外务工246人，村集体收入几乎为零。该村曾以传统种植业为主要产业，第二产业、第三产业基础薄弱，就业吸纳能力有限，村民收入较低，年轻人无返乡意愿，留守妇女、儿童及老年人较多，亟须破解发展难题。

龙湾湖乡村全貌

项目实施

龙湾湖乡村振兴示范区规划面积为7.9万亩，实施重点项目41个、总投资为11.7亿元。在"乡村合伙人"模式推动下，等闲谷艺术粮仓、阅湖尚儒研学基地、尼山鹿鸣田园综合体等一批农文旅项目相继落地，搭建起农、文、教、旅等融合发展的产业集聚平台。

1. "乡村合伙人"模式破解人才难题

"乡村合伙人"模式坚持"政府投资作基础、社会资本市场化运营",通过技术、资金、产权入股等多种方式,引导整合各类社会资源投入示范区建设,实行项目平台化建设与运营机制,搭建"政府+平台+乡村+合伙人"建设运营机制,解决乡村振兴中人才与产业发展的矛盾。山东等闲谷艺术粮仓文化发展有限公司主要进行"乡村合伙人"创业平台的打造,突破乡村发展的人才瓶颈,实现创客与村庄发展的双赢局面。一方面,从村庄、村民手中流转土地及宅基地资源,进行专业化设计与改造;另一方面,为各类合伙人提供经营场所、销售渠道、水电设施保障等一站式创业服务,吸引行业领头人、设计师、匠人与艺术家等人才资源和高等院校等科研机构,以合伙人的方式入驻小镇。合伙人借助小镇平台,创新、创造、衍生相关产业、产品,形成多种商业业态良性互动与资源共生。当地政府加大基础设施建设力度,开展人居环境整治工作,持续做好造林绿化;实施"泗郎回乡"返乡创业工程,打造高素质人才队伍;强化用地保障,推进土地依法流转、托管,预留用地指标,专项用于发展农村新产业、新业态;加大土地、资金、人才、技术等要素保障力度,以乡村人才集聚为抓手,巧妙破解乡村发展难题。

2. 以核心项目支撑乡村发展

2013年,该项目一期正式启动。田彬是一位设计师、艺术家,是"乡村合伙人"模式的发起者,将废弃的老粮仓改建为设计工作室,在此探讨艺术设计理念,成为等闲谷艺术小镇的发展起点。随后,小镇建设完成艺术粮仓创客中心、等闲书房等10余处建筑空间,成为一个综合性乡村创客孵化基地、文化艺术体验中心。

2018年,该项目二期开始建设。借助扶贫攻坚和乡村振兴战略相关政策，投入资金1.6亿元，建设以南仲都和东仲都两个村庄为主的仲都景区，主要包含阅湖尚儒研学基地、文创商业街、龙湾书院培训中心、仲都农业观光园四大板块，将等闲谷艺术粮仓孵化的项目、研发的文创融入景区，并由30多名合伙人运营各业态项目，使仲都景区成为"乡村合伙人"模式的场景化应用"试验田"，实现合伙人项目从孵化到落地的高效切换和从创意到效益的华丽转身。

3. 文旅业态搭建吸引物

（1）大力发展非物质文化遗产研学。通过改造原有民居，建设创客研学基地，打造龙湾书房、鲁班记忆木工房、陶艺工坊、云贵扎染等研学空间，将非物质文化遗产项目与研学课程深度融合，年接待游客20余万人次，累计接待境外游客5000人次，成为尼山世界文明论坛、中国国际孔子文化节外国嘉宾的观摩点，接待"世界青年设计师论坛""外国驻华使节齐鲁文化行"等重大外事活动20余场次。

草编研学

（2）聚焦文化创意产品。以等闲谷文创研发为主，在仲都景区建设山东手造展示展销中心、文房阁、编天下、陶立方、虎咬瓜等功能区域，展示和销售泗水陶制品、砭石、甘薯、柳编等地方文创产品，发挥非物质文化遗产传承人的示范带动作用，打造集文化、制作、体验于一体的文创中心。

（3）打造旅游民宿集聚区。将民宿作为吸引物和接待设施，由济宁孔子文化旅游集团有限公司、山东泗兴投资集团有限公司、泗水县圣源酒店有限公司等企业及其他合伙人投资建设或运营，等闲谷、仲都两个景区设有良舍山居、圣源书院、姥姥家、七间民宿等，共有客房200余间、床位450张、可容纳400余人的会议室和餐厅，成为休闲度假、会议培训、研学接待等重要场所，2022年被评为山东省首批旅游民宿集聚区。

陶艺实践

4. 农文旅融合实现多元化发展

建设文旅业态项目，关联农业产业发展，带动村民就业致富，实现经济、社会、文化的良性发展。发挥文化优势，建设文旅融合新业态，激活乡村多元化发展，带动村民多部门就业，实现乡村多元化良性发展。文创助力农业升级。清华大学在当地设立实践工作站，为村民设计"野创""虎咬瓜"等文创品牌，精心打造产品包装，衍生出艾草膏、酸辣粉等特色产品，推动一二三产业融合，不断延长产业链，提高农产品附加值，帮助村民打开销路、提高收入。农业基础不断夯实。建设汇源葡萄庄园4000亩，土洞珍珠油杏园1500亩，核桃园3600亩，桂花、薰衣草等芳香花卉2500亩，引进培育百旺种植合作社等24家新型经营主体。休闲农业蓬勃发展。依托东仲都村百香果采摘园、木耳种植基地、观光果园和南仲都村草莓、火龙果采摘园，以南仲都生态观光园为龙头，打造休闲采摘游乐区，农业与旅游业持续融合发展。

成效

龙湾湖乡村振兴示范区以"乡村合伙人"专业人才为支撑，完善乡村基础设施建设，建设文旅业态项目，关联农业产业发展，带动村民就业致富，实现经济、社会、文化的良性发展。该模式被《新闻联播》、人民日报、光明日报等主流媒体专题报道并广泛推广。"新型合伙人机制激活乡村文旅新业态"入选2021世界旅游联盟——旅游助力乡村振兴案例，该示范区成为旅游助力精准脱贫与乡村振兴的样板地区。

1. 旅游扶贫效果显著

2018年以来，该项目累计吸引游客230余万人次，实现旅游综合收入7.5亿元。得益于文旅产业的发展，周边村庄实现全面脱贫，2021年片区内村集体收入全部达到10万元以上，南仲都村从贫困村成为远近闻名的富裕村，村集体收入达到162万元；等闲谷、仲都景区两个项目直接参与就业的村民有140多人，每年人均工资性收入3万多元；尼山鹿鸣田园综合体项目直接带动就业500余人，每年人均分红1万余元，有力推动脱贫工作的开展和社会经济的可持续发展。

2. 生态环境明显改善

通过文旅项目配套，新修樱花大道、环湖路等生态旅游道路16.6千米，栽植楝树、紫薇等绿化苗木6.5万余株，村庄景观环境得到极大提升；推进生态治理，实施河段水质净化、生态护岸、水平梯田整修工程，建设生态调节池，加强蓄水保土，龙湾湖水质明显改善；设置污水处理站1处、旅游厕所7个，由环卫公司专门负责打扫清运，全面完成农村厕所改造工程，人居环境焕然一新。

3. 农民福祉不断提升

龙湾湖先后建设养老周转房1处、回迁房及老年房80户，共8000平方米，有效改善村民的生活条件；建设综合性文化服务中心1处、农家书房2处，组建艺术合唱团，丰富村民的精神生活；利用研学教育优势，开设"四点半"课堂，陪伴农村留守儿童，近两年来累计服务儿童5万余人次；实施"微爱妈妈陪伴成长"项目，开展"爱心助学"活动，累计发放助学金超57万元；推动4G网络全覆盖，所有业态空间均有Wi-Fi，便利村民与外界的沟通交流，有效破解信息鸿沟难题。

经验与启示

在生态环境良好、经济欠发达地区推动乡村振兴工作中，乡村文化旅游是实现乡村产业升级的重要抓手，而在乡村发展文旅产业最重要的支撑要素是人才。在龙湾湖乡村振兴示范区，乡村旅游合伙人机制吸引更多人才落户乡村，实现人才、产业、乡村的良性循环，助推乡村振兴的全面发展。

1. 强化政府引导作用

当地政府始终牵挂贫困村民的生活，为龙湾湖的发展保驾护航。开展人居环境整治工作，实施污水治理提升工程，建设生活垃圾资源化利用处理站；动员村民将集体房屋等经营性资产租赁、入股，形成"补偿金+租金+薪金+股金+保险金+经营金"的联农带农模式，将"死资产"变成"现金流"；坚持人才兴农，实施"泗郎回乡"返乡创业工程，强化乡土人才培育，发现培养更多"田秀才""土专家"。

2. 盘活农村闲置资源

龙湾湖把盘活闲置资源与美丽乡村建设、项目建设相结合，对废旧院落、空闲荒地、道路两侧空闲地等闲置资源进行集中整治，按照"规划一批、拆除一批、腾出一批、建设一批"的工作思路，盘活荒芜沧桑、满目颓然的战备老粮库，打造创客孵化基地；利用闲置多年废弃房屋住宅旧址建设研学写生基地和民宿；流转整片荒地空地26亩，建设10个木耳种植标准大棚，带动该村30余人就业，发展壮大村级集体经济，助力精准脱贫。

3. 创新利益联结机制

在龙湾湖的发展过程中，合伙人、平台、村集体、村民、政府等主体都参与利益分配。平台根据合伙人的不同业态及前期投入情况收取5%~20%的利益分成，为其提供孵化、推广、基础设施保障、物业服务等。"乡村合伙人"模式的旅游综合业态收入达到6000余万元，公司收入1500余万元。土地依法流转、托管，村民每年仅获得土地流转费用就超过30余万元；通过产业项目实施，为驻地村民提供更多在家门口就业的机会，增加群众务工收入，缓解留守儿童、空巢老人无人照料等社会问题。

4. 动员社会力量参与

山东等闲谷艺术粮仓文化发展有限公司是龙湾湖发展过程中的重要力量，搭建以"乡村合伙人"模式为代表的"共建共享共生共荣"平台，利用技术入股、创意合作、直接注资、协助招商、扩充平台等多种形式，吸引艺术家、行业带头人、高等院校等科研机构，互为资源、互为动力，高效带动贫困户脱贫和乡村区域经济的发展。截至目前，招募基础合伙人42人、成长合伙人132人，合作项目33个，投资3.1亿元，带动就业2000余人。

真实故事

程琳是龙湾湖乡村振兴示范区的返乡创业人员。她从小就在附近的夹山头村长大，当时的贫困生活让她至今印象深刻。毕业后，她曾在日本、青岛等地务工，对村民的贫困生活仍然念念不忘。2018年，受到田彬等合伙人的感召，她毅然返乡创业，立志带动村民改变家乡的贫困面貌，成为山东等闲谷艺术粮仓文化发展有限公司的一员。2022年，在当地政府、公司领导的鼓励和支持下，她成为平台的合伙人之一，经营两家民宿，参与直播带货，帮助村民销售蜂蜜、地瓜、核桃等土特产品，不仅增加个人的收入，而且带动周边贫困人口的发展，成为远近闻名的创业典范。